ブロックチェーン、AIで先を行くエストニアで見つけた

つまらなくない未来

孫泰蔵 監修

小島健志 著

ダイヤモンド社

はじめに

いま、なぜエストニアなのか

エストニアの首都タリンの海岸沿いを、筆者は取材先に向かうためにタクシーで移動していた。サングラスをかけた、50歳前後と見られる運転手が声をかけてきた。

「日本から来たのかい？　いい季節に来たね」

タリンを訪れた5月は、1年の中でも最もよい季節と言われる。日中はカッと太陽が照るため少し汗ばむが、朝晩は肌寒い。ちょうど夏の北海道をイメージさせるさわやかな気候だ。

車内は軽快な洋楽が流れ、タクシーは海沿いの道をすいすいと進んでいった。窓を開けると、心地のよい外気が入り込んできた。

窓からは、穏やかな海を挟んでフィンランドの緑の大地が見えた。直線距離は80キロメートルで、フェリーなら約2時間で着く近さだ。エストニアは、欧州・バルト海北東部に位置し、ロシアに隣接する国。「中東欧」と呼ばれる地域に位置しているものの、北欧文化の影響を大きく受けている。

港湾都市のドライブを楽しんでいると、タクシーの運転手は意外なことを話しはじめた。

「エストニアは冬になると寒くて暗いから大変さ。だから僕はね、冬になるとアフリカのケニアに行くんだよ」

エストニアが冬の間、運転手は兄弟が経営するケニアの会社で働いているという。

「僕はいわゆるフリーランサーさ。夏はエストニア、冬はケニアにいる。でも、心配ない。エストニアのデジタルＩＤカードがあれば、オンラインで行政の手続きはできるし、窓口で列に並ぶことなんてない。選挙の投票もできるから、世界中どこにいても平気なのさ」

こちらから尋ねてもいないのに、タクシー運転手がエストニアの電子政府について語りはじめた。


タクシーといっても、今回利用したのは、エストニア発の配車アプリ、タクシファイ（Taxify）だ。タクシファイは、東欧やアフリカを舞台に急成長中のタクシー配車アプリで、いってしまえばエストニア版ウーバー（Uber）である。

このアプリがあれば、利用者がタクシーを使えるだけでなく、タクシーの組織に属していない人も運転手になれる。隙間時間で副業を行うこともできる。実は彼は、その１人であったのだ。

筆者は、「寒い時期には暖かいところで働く」という、自由な働き方を一般市民が自然

図表0-1 | エストニアの地図と基本情報

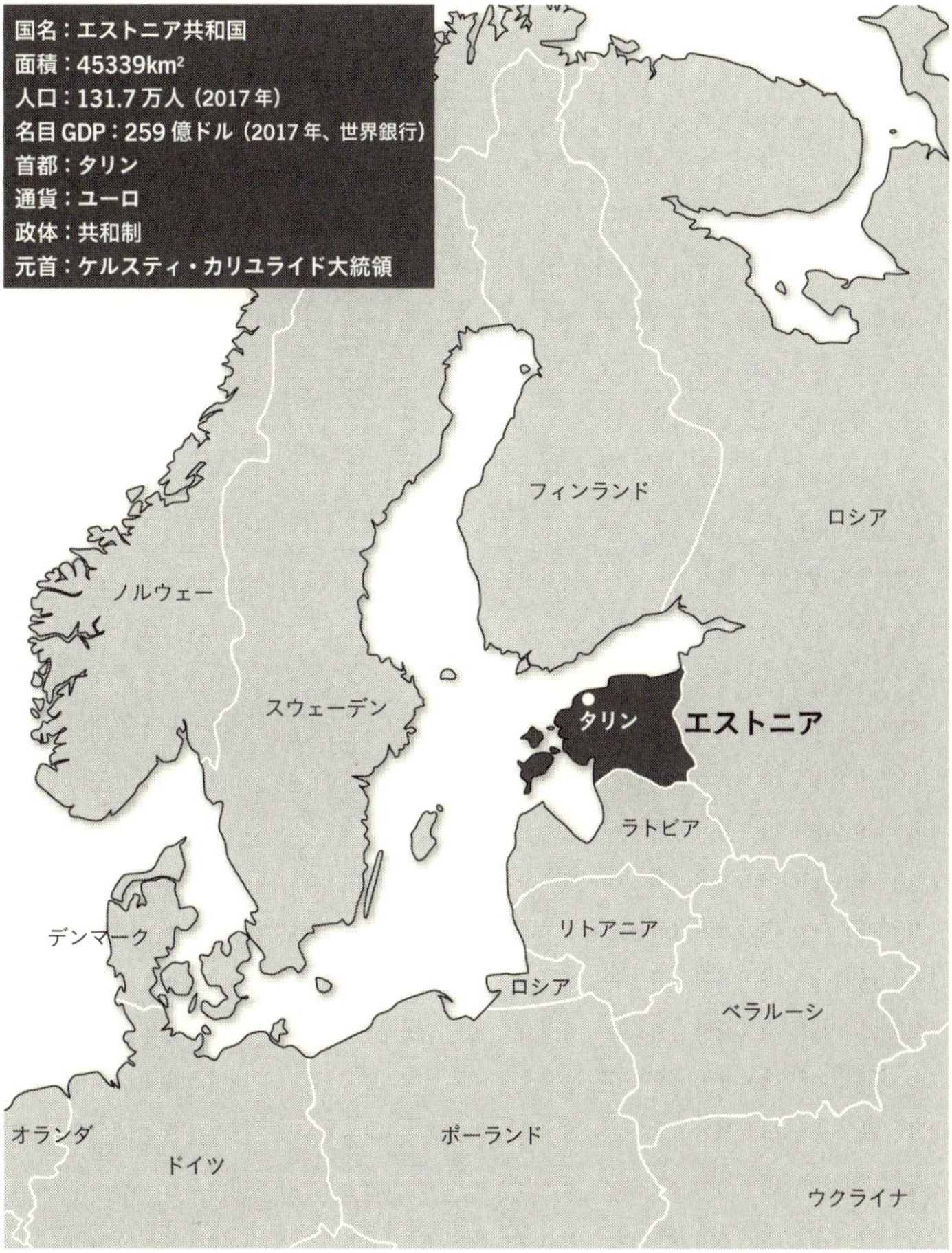

に行っていることに驚いた。そこで「エストニアの電子政府があったことで、あなたの生活が変わったのか」と尋ねた。

すると、彼は迷いもなく「イエスだ」と答えた。電子政府とタクシファイが彼に「自由」を与えたというのだ。

欧州バルト三国の一国、人口わずか約１３０万人しかいないエストニアがいま、日本から、いや世界から注目を集めている。なぜなら、１９９１年に旧ソビエト連邦から独立した後に、ＩＴ立国を掲げて見事「電子政府」を実現させた国であるからだ。

もっとも、歴史が好きな人であれば、１９８９年に独立運動として行われた「人間の鎖」を思い出すかもしれない。大相撲が好きな人であれば、エストニア出身力士の把瑠都《ばると》凱斗《かいと》さんを思い出すかもしれない。

とはいえ、多くの日本人からすれば、馴染みはない。人口は福岡市と同程度、面積も九州７県と同程度に過ぎない。それなのに、そんな小国から、電子政府だけでなく、人工知能（ＡＩ）やブロックチェーン、無人ロボット、仮想通貨、スタートアップ・エコシステム、ゲノムなど、注目のキーワードが次々と出てくる。

実際、日本では次のような噂を耳にした。

・街を無人ロボットが走っている？
・ビットコイン以前にブロックチェーンを開発した？
・紙幣は消えて仮想通貨が流通している？
・国に行かなくてもビザ（査証）が取得できる？
・国が国民の遺伝子情報を大量に集めている？
・すべての学校でプログラミング授業が導入された？
・小学校でブロックチェーン技術を教えている？
・電子政府化で税理士や会計士がいなくなった？

果たしてこれらは本当なのだろうか。エストニアの情報はまだ少なく、日本では手に入りづらい。そこで２０１８年5月、現地エストニアに向かった。
結論として、これらの情報には正しかったものも、誤っていたものもある。だが、現場に行ったからこそ、より本質的な情報が見えてきた。さらに、われわれ日本が学ぶべき真のポイントもわかったのだ。

本書は、経済誌『週刊ダイヤモンド』の連載「孫家の教え」（２０１7年4月～２０１８年11月）のスピンアウト企画である。連載を通じて孫泰蔵さんがエストニアへの関心を高めていることを知った筆者が、孫さん率いるミスルトウ（Mistletoe）チームの協力を得て、現地を取材。エストニアに詳しい日本人や関係者への取材も重ねて、多数の文献や資料を基にその内実をまとめたものである。

だが、本書は単なるエストニアの紹介にとどまらない。筆者なりに、日本の課題について章ごとに考察した。孫さんが「未来の社会をダントツに先取りしている」と評するように、エストニアで課題解決のヒントをたくさん見つけることができた。

たとえば、「機械に仕事を奪われても食べていけるにはどうするのか」、「優秀な人材を世界から集めるにはどうするのか」、「都市と地方の格差を埋めるにはどうするのか」、「グーグルやアップルのような企業をどうやって生めばよいのか」等だ。

少子高齢化や低成長の経済、硬直化した社会構造に時代遅れの教育など、日本では若者を中心に強い閉塞感が漂っている。ちまたにあふれる「日本の未来予測」に関する書籍やレポートの多くは、悲観的な物語ばかりだ。

こうした将来への暗いイメージが個々のマインドに大きな影響を与え、チャレンジする意欲を失わせ、新たな価値を生む活動機会を奪っている。孫さんは「そんな予想のできる未来や楽しみのない未来を描いても、つまらなくはないでしょうか」と投げかける。

それでは、反対に「つまらなくない未来」とは何なのか、そして新たな時代を個人はどう生き抜けばいいのか。本書では、エストニアの現地取材を通して見つけた数々のキーワードから、「つまらなくない未来」と、その描き方をお伝えする。

本書は、6章構成を取っている。冒頭の「序章」では、孫さんがエストニアに関心を抱いた理由についてのインタビューを収録した。孫さんの話だけでも未来社会への大きなヒントがあるだろう。

さらに、筆者が取材し、考察した内容を4つの章にまとめた。テーマは次の通りだ。

第1章：「政府をデジタル化する」（電子政府について）
第2章：「国民をデジタル化する」（イーレジデンシーや働き方について）
第3章：「産業をデジタル化する」（産業やスタートアップについて）
第4章：「教育をデジタル化する」（教育全般とキャリアについて）

関心に応じて、どこから読みはじめていただいてもかまわない。これらの章からは、なぜエストニアが小国ながらも、未来を先取りする革新的な取り組みを次々と打ち出せるのか、そのヒントがつかめると思う。彼らの歴史から、小さいことを強みに変えた「逆転の発想」や、新しいものを取り入れていく「進取の気性」が見えてくるはずだ。特に個人への示唆も各章の最後にまとめた。

「終章」には、エストニア初の女性大統領、ケルスティ・カリユライド大統領の独占インタビューを掲載した。いまのエストニアの象徴的存在である彼女が、取材に率直な言葉で回答してくれたことで、エストニアの真の姿がよくわかる貴重なインタビューとなった。

また、エストニアを理解する上で重要な概念となる「ブロックチェーン技術」については、「補章」としてまとめた。電子政府の技術的側面であるこの解説を切り離したのは、込み入った技術の話で、電子政府の本質を見失ってもらいたくないためだ。併せて参考にしていただきたい。

なお本書で登場するエストニア人の呼称は原則として、取材時に用いたファーストネームで表記している。また所属や肩書き等は取材時点であり、写真撮影は断りがない限りすべて著者が行っている。

それでは、ブロックチェーンやＡＩ、ロボット、電子政府で世界をリードする、ＩＴ先端国家エストニアで見つけた「未来の社会」、その一端をお届けすることにしよう。

２０１８年12月

小島　健志

ブロックチェーン、AIで先を行くエストニアで見つけた　つまらなくない未来　目次

第1章 なぜ「何もない国」がIT先進国に変われたのか？

――政府をデジタル化する。

第2章 なぜ世界中のトップ人材は いまエストニアを目指すのか？

——国民をデジタル化する。

第3章　なぜ130万人の国がユニコーン企業を次々と輩出できるのか？

――産業をデジタル化する。

第4章 AI時代でも活躍できる子を育むためにエストニアは何をしているのか？
——教育をデジタル化する。

序章

僕がエストニアに衝撃を受けた理由

――現地で見つけた「つまらなくない未来」

孫泰蔵・Mistletoeファウンダー　インタビュー

エストニア最大のテックカンファレンス「Latitude59（ラティチュード59）」に、ミスルトウ（Mistletoe）ファウンダーの孫泰蔵さんがいた。孫さんは現在、シンガポールを拠点に、世界中のスタートアップ企業（ベンチャー企業）への投資や支援を行い、その「エコシステム」を構築しようとしている。いわば、世界最先端のテクノロジーを知り、近未来の社会構造を見通しているという希有な存在の一人だ。その孫さんが米国でもなく中国でもなく、なぜか小国エストニアに強い関心を寄せている。世界中を旅する孫さんがなぜエストニアに着目したのか。現地で話を聞いた。

未来社会の道しるべ
エストニアの現地で気づいたこと

僕にとって最も刺激的な国の1つ、エストニアを訪れています。

エストニアは、欧州バルト三国の1つで、人口わずか約130万人の国です。首都タリンの旧市街地は、世界遺産に登録されており、ロールプレイングゲーム「ドラゴンクエスト」に出てきそうな、中世の趣を残した街並みが広がっています。

そんな小国のエストニアがなぜ刺激的なのかというと、この国から「未来の社会」を感じ取ることができるからです。エストニアの人々はいま、世界に先駆けて、新しい価値観とライフスタイルを掲げ、そのビジョンを最新技術とデザインによって、社会に「実装」しはじめています。

その社会とはどのようなものか。一言でいえば、「ヒューマン・オートノミー（Human Autonomy）」という言葉で言い表せるでしょう。

オートノミーには「（行動や意思の）自由」といった広い意味合いがあります。そのため、この言葉には「人は好きなときに、好きなところで生活し、働き、学び、友に出会い、子を育て、人生を楽しむことができる」という意味が込められています。エストニアは、人々が自由に生きられるという社会をつくり上げようとしているのです。

一方、日本の社会は縮小し、至るところで「パイの奪い合い」[1]が起きています。そのため か、最近、同調圧力の強さが増しているように感じます。

会社で何か新しいことをしようとしても、上司から「勝手なことをするな」と押さえつけられてはいませんか。会社で働く必要はない仕事なのに「ここにいろ」とオフィスのイスに縛りつけられてはいないでしょうか。

日本の社会では、場所の制約に縛られ、組織の制約に縛られ、時間の制約に縛られ、何か新しいことをやろうと思っても身動きが取れない。そう感じている人が少なくありません。少子高齢化や低成長の経済、将来への不安……理由はたくさんあるでしょうが、何かに抑圧され、組織も個人もどんどん縮こまっている、そんな感覚があるはずです。

ですが、それは僕たちの思い込みに過ぎません。

「やれないだって？　そんなことはないよ。僕たちはもっと自由なはずだ。自らを解放し、やりたいことを軽やかに実現すればいいのだよ」

エストニアは、自らの世界観を提示することによって、このように問い掛けてくるのです。実際にエストニア人と交流を重ねれば、気づくことでしょう。僕らが常識だと思っていたことが、実はそうでないことを。「何だ、縮こまる必要なんてない」、そして、「僕たちはもっと自由になれる」ということを。何より、「つまらない」と思っていた社会を僕らが変えられるということを――。

エストニアを知ることで、これからの個人と社会と国家の新しい関係について、そして新しい経済の仕組みが見えてきます。これこそが「つまらなくない未来」の1つです。今回は、僕の気づいたことの一端をお伝えしたいと思います。

行政サービスの99%が年中無休で利用できる国

まず、エストニアで有名なのが「イーエストニア（e-Estonia）」と呼ばれる、政府の電子化に関する取り組みです。

エストニアは、1991年に旧ソ連から独立した後、行政システムの電子化を掲げました。その後、国民にデジタルID（eID）カードを配布し、行政サービスをすべてオンラインで受けられるようにしました。

現在、公的サービスの99%が電子化され、24時間年中無休で利用できます。そのため、行政の窓口で並ぶ必要がありません。

たとえば、住民票の変更は、パソコンやスマートフォンからアクセスして済ませることができます。面倒な確定申告についても、数分から15分程度で終わってしまいます。1年

（1）限られたプレイヤーで限られた市場を奪い合う状況。

間のすべての取引が電子化されて記録として残っており、自ら入力しなくとも確認をしていくだけで済むからです。

選挙の投票についてもオンラインで、世界中のどこからでも簡単に行えます。交通違反をしても、その場で罰金をスマホで支払うといった具合です。政府の議事録もすべて公開されていて、紙の書類は使いません。病院も警察も学校も税金もすべてのサービスが電子化され、それを利用するためのデジタルＩＤで１つにつながっているのです。

これを可能にしたのが「エックスロード（X-Road）」という技術です。エックスロードは、異なる機関同士のデータベースをつなぎ合わせ、それぞれの持つデータを安全に、かつスムーズに交換できるようにした、情報交換基盤システムです。

もともとエストニアは、独立を回復するまで、旧ソ連の支配下にありました。そのため、１９６０年代からサイバーセキュリティー研究所があり、暗号技術に関する高い知見を持つ人材がそろっていました。

独立後は、ソ連から来た上層部がごっそりと帰国してしまい、行政システムを一から作り直さなければなりませんでした。それを機に、電子国家を目指したのです。

さらにいま、「イーレジデンシー（e-Residency）」という取り組みを進めています。これは、エストニアに行ったことがない人でも、顔写真の登録や指紋の登録などを行うと、審査の後にエストニアの仮想居住者になれるという制度です。

イーレジデンシーを取得すれば、電子政府の一部を利用することができ、エストニアで会社を設立できるようになります。エストニアは、欧州連合(EU)に加盟しているため、エストニアに会社があればEU内で事業を行えるのです。すでに申請者は世界で4万人を超え、日本からも1600人以上の取得者が生まれています。

……というのが、エストニア電子政府の一般的な説明ですが、僕自身、当初は正直ピンときませんでした。

なぜ、エストニアが政府の電子化をバンバン進め、イーレジデンシーで海外の人を集めようとしているのか。現地に足を運び、政府やスタートアップの人々と話すうちに、ようやくその意味合いがわかってきたのです。

国の提供する「OS」の上にさまざまな「アプリ」が誕生する

もともと、エストニア政府には、最低限のインフラストラクチャーしか提供しないという考え方があります。たとえば、エックスロードでは、民間のデータベースと国家のデータベースをすべて一本の「道」でつなぎました。国としてはこの道を提供し、誰が入り、どこを通っているのかを追跡・管理しています。

ただし、それ以上のことはしません。セキュリティーを担保した上で「あとは、皆さんでどうぞ」という発想を持ち、外部に開放しているのです。このインフラ上では、デジタルIDで本人確認ができるために、民間企業のさまざまなオンラインサービスが生まれ、実際に利用されています。

ここが非常にインターネット的な考え方だと感じました。国家がオープンソースのオペレーションシステム（OS）を提供し、その上で民間がアプリケーションとしてのサービスを開発しているからです。電子政府の機能は、さながらミドルウエアといった具合でしょうか。

イーレジデンシーにおいても、同様のことが起きています。このインフラの上にいま、さまざまなスタートアップが生まれています。

その1つが、ジョバティカル（Jobbatical）です。簡単にいえば、世界中の人材をインターネットサイト上で採用できる、グローバル人材サービスを展開している企業です。

もし僕が日本でイーコマースのサイトを運営していて、欧州の国に展開したいとしましょう。ただ、現地では事業経験者が見つからないかもしれません。そんなとき、ジョバティカルを使えば、その国に住んで働きたい人を世界中から探し出すことができます。

ここで、経営者がイーレジデンシーを取得し、エストニアに会社をつくるとします。同様にイーレジデンシー取得者を従業員として雇えば、電子署名や本人確認といった電子政府の仕組みが使えます。それにより、雇用契約の締結や税金の手続きなどが一気に簡単になるのです。

つまり、これまで各国の法律の壁があって煩雑だった求人採用プロセスを、イーレジデンシーという「仮想環境」の中で行うことで、効率的にしたのです。これは、同じ国で、同じ国民の中から求人募集するのと変わらず、しかもそれが電子的に済んでしまう環境を構築したことに他なりません。

仮想住民を巻き込んだ新たな社会が生まれる

その他にも、続々とスタートアップが生まれており、従来、多国籍企業が本社で行っていた庶務や人事などを提供しはじめています。いうなればエストニアの国全体が「グローバルバックオフィス機能」を提供している。それにより、個人レベルでもグローバルな会社運営をより簡単に行えるようにしているのです。

エストニアの政府は、世界中を移動しながら、必要な場所で、必要な仕事を、必要なタイミングで行う人、いわゆる「デジタルノマド」と呼ばれる人材を積極的に支援する体制を整えています。２０１９年には「デジタルノマドビザ」というビザ（査証）を発行する話が進んでいます。これが実現すれば、エストニア内に最長３６５日間、欧州内の26地域に最長90日間滞在できるようになると聞きます。

しかも、それで終わりません。ブロックチェーン技術を生かして、イーレジデンシー上で仮想通貨「エストコイン」の発行やＩＣＯ[2]を行う可能性も検討しているそうです。

仮想通貨やＩＣＯを国が行うことについては、マネーロンダリングや詐欺につながるなどの問題があるため、一部から批判が出ています。ですが、僕はエストニアがこれらを行う意味合いは、他とまったく違うと考えています。

なぜなら、イーレジデンシー上での取引とは、国の審査が済んだ人々同士が行うものであり、身分が判明している者同士でオープンに行うものだからです。

匿名ではなく、国が発行したＩＤで紐づいた人同士で行うため、変な人たちは参加できないですし、おかしなこともできない。その上で、仮想通貨が実現すれば、国境を越えて新たな価値の交換が行われるようになるのです。

国自体にブロックチェーン技術[3]を積極的に導入していこうという考え方があることも見逃せません。国という中央集権的な存在でありながら、ブロックチェーン技術という非中央集権的な仕組みを重視しているのがエストニアです。

そのエストニアだからこそ、将来的には、イーレジデンシーの上にブロックチェーン技術を活用した「スマートコントラクト」が実装されると見ています。

契約のあり方を変える スマートコントラクト

スマートコントラクトとは、政府の保証や第三者の介在がなくとも、契約が有効であることを証明し、より安全により早く契約が実行できる仕組みです。

特徴は、プログラミングコードとして契約が記載されることです。コードなので、契約を事前に定義しておきます。その際、XやYといった「変数」を契約に用いることができます。

では、これにはどういうメリットがあるのでしょうか。

プログラミングでは、「もしも~のときは……をしなさい」という意味の「IF~Then……」という構文があります。スマートコントラクトでは、これを契約に応用できる

(2) イニシャル・コイン・オファリングといい、「トークン」を利用した新しい資金調達の方法(第3章3-4参照)。
(3) ブロックチェーン技術に関しては、補章を参照のこと。

ようになるのです。

たとえば、AさんとBさんが契約を結ぼうとしていたとします。そのとき、スマートコントラクトを用いれば、「条件Xが整ったときに初めて契約が実行される」というような、あいまいな条件のままで契約を結ぶことができます。これにより、条件Xの現状が不透明だとしても合意さえできれば、契約は有効になるのです。

これが紙の場合、そう簡単にことが運びません。事前の協議では、条件Xについて、「さまざまな場合分けをして、とことん詰めましょう」という話になりやすい。一度契約を結べても、改めて修正契約を結ぶことになるでしょう。

とりわけ、プロジェクトが煮詰まっていない段階や、条件Xに不確定要素が多いと、かなりの議論をしなければならず、大変な労力と時間がかかっていました。

それに対して、スマートコントラクトが広まることにより、契約はより柔軟になっていくでしょう。静的な紙の契約とは違って、スマートコントラクトは契約を動的に、ダイナミックに処理することができるからです。

不確定な条件には変数を用います。あるとき、「X＝1」と条件が確定すれば、契約が自動的に実行されます。これはつまり、「現時点でわからないこと」をわからないままにして契約を進められるというメリットがあるのです。

少し前置きが長くなりましたが、これがビジネスや社会にどう影響を及ぼすのか、そして個々人の働き方がどう変わるのかについて、考えてみます。

不確定要素を盛り込めるため社会はなめらかになる

たとえば、無名の才気ある若者がいるとします。僕がその若者の才能を認め、「一目置いているので、もし、この若者が本気で『やる』となったら絶対に投資するから」と周囲に約束をします。

そうすると、「孫泰蔵が認めているならば」と僕の知り合いは若者の支援者となり、若者が動き出したときに合わせ、準備を進めることができます。「若者を世の中に広めたい」ということであれば、「PRは彼女に」とPR担当者を決めておきます。そして「取材は彼に」→「媒体はここに」などと、順々に決めていくことができるのです。

すると、準備の段階で応援の輪が広がっていきます。口約束ではなく実際に契約を結ぶため、「孫泰蔵が参加すると言って契約まで結んでいる」とアピールでき、プロジェクトの信用性を高めることにつながります。

そこで、いよいよその若者が「やる」となった瞬間、すべての契約がアクティベート（実行）されます。すると、ドミノ倒しのようにバタバタバタと物事が進んでいく。投資から人材獲得、資金の調達、開発、取材に至るまで、一気に物事が動くのです。

もし、これが投資ではなく融資契約であれば、金利の設定も柔軟にできます。年利ではなく、日利や分利、または秒利のような契約も結べるかもしれません。

オプション取引のように、権利の譲渡も可能になるでしょう。ＰＲ担当者のスケジュールに空きが出なかったとしても、その人が「私が信頼し、同じ質の仕事ができる方を紹介します」と契約譲渡をすれば、プロジェクトは滞りなく進みます。もしくは「彼女が駄目な場合には彼に」と事前にリスクヘッジしておくことも可能なのです。

このように、スマートコントラクトの浸透によって、仕事がよりスピーディーに、そしてダイナミックに動くようになる。そんな未来がすぐそこにまで来ています。

その報酬については、何も現金だけでなくてよいでしょう。「トークン」[4]という仕組みもあるので、それで支払ってもよいわけです。現金以外で頼めば、より気軽に参加を促せるかもしれません。

これまで、不確定要素を織り込めないために動かせなかった案件もこの仕組みがあればうまく進むようになります。すると経済活動が活性化し、経済は「血液さらさら」と呼べるような状態で循環し、よりなめらかな社会になっていくはずです。

こうなると、プロジェクトチームを案件ごとに毎回、作っては解消し、作っては解消しというように、機動的で流動性のあるチームが成果を出す時代に入る。大企業のように大きな組織体である必要性がなくなるでしょう。

経営者の役割も変わり、映画プロデューサーのような役割になると思います。プロデューサーが好きな企画を立て、脚本や監督、俳優、スポンサーなどを集めて映画制作を行うように、経営者もそのアイデアをチームで実現していくのです。そこで経営者に求められるのは、人と人との関係性をデザインする力になるでしょう。

また、ブロックチェーン技術により、そのプロジェクト1つ1つが記録されることになれば、個々の信用も自然と築かれるようになります。すると、「有名大学に入った」や「大企業に入った」というおおざっぱな経歴よりも、「いつ誰と何をどう成し遂げたのか」ということが評価として残る。つまり、評価の解像度が上がるのです。

評価の解像度が上がりつぶしのきく選択があだとなる

大事なのは、自分がどんな価値を提供できるのかということです。有名企業に入ったところで、何もできないのであれば評価がつきません。何となくいい大学に入り、何となくいい企業への就職を果たした人では、他人に価値が提供できない。いわゆる「つぶしがき

(4) トークンとは、仮想通貨のプラットフォーム上で発行できる仮想通貨と交換可能な「引換券」のこと。

く」と思って選んだ道ではつぶしがきかない、価値にならない時代に突入するのです。

それよりも、好きなことを突き詰めて、1つ1つのプロジェクトを成し遂げていく方がより大きなレコードになるでしょう。

未来をダントツに先取りするエストニアを支援したい

果たして、これは夢物語でしょうか。僕はそうは思いません。

すでにエストニアには、デジタルID があり、ビジネスや行政がオンライン化され、世界中のデジタルノマドが参加するイーレジデンシーというプラットフォームがあります。

そこに、スマートコントラクトがサポートされ、価値交換や決済手段としてのエストコインまたはトークンが実装された社会について、想像をしてみてください。

個人と社会と国家の関係が変わり、新しい経済の仕組みが生まれるでしょう。エストニアはそのスタンダードを握る可能性すらあるのです。

しかも、こうした社会を実現するべく、国だけでなく、気鋭のスタートアップが新しいサービスをつくり上げています。たとえば次のようなサービスです。

・自分が世界のどの街で暮らすのがベストか、生活の選択肢とポテンシャルを可視化して提示するテレポート（Teleport）
・企業のクラウドファンディングによる資金調達とベンチャー投資の機会を個人に開くファンダービーム（Funderbeam）
・好きなときに好きなところで好きな会社と仕事ができるクロスボーダーのジョブマッチングサービス、ジョバティカル
・イーレジデンシーに登録した企業のバックオフィスを担うリープイン（LeapIN）
・コワーキングスペースを展開し、最もホットな起業家たちのための「スキルシェアリング・プラットフォーム」を展開するリフト・ナインティーナイン（LIFT99）

「個人がもっと自分らしく、もっと自由に生きていくことができる社会をつくるために」。そう願い、個人をどんどんエンパワーメントするプラットフォームが続々と立ち上がっているのです。

それを見越して、世界で活躍したいという情熱や大志を持つ人々がいま、エストニアに集まっています。今後、類いまれなる才能や能力を持った世界の人々がエストニアをハブにして活躍するようになるでしょう。

このように、エストニアは、世界の有能な人材が集まる環境を整備し、それで国を興そ

うとしているのです。本人たちは当たり前すぎて気づいていませんが、僕からすると、ダントツに未来の社会を先取りしていると感じています。

われわれミスルトウは、こうしたビジョンの実現を加速するため、これらのエストニアのスタートアップやイーレジデンシーチームなどをサポートしていきたいと考えています。実際、先に挙げたスタートアップの中では、テレポート以外にすでに出資し、その成長支援を行っています。

それが、いま僕がエストニアを訪れている理由なのです。

（２０１８年5月25日タリンにて）

孫泰蔵 (Taizo Son)

1972年、福岡県生まれ。連続起業家（シリアルアントレプレナー）。世界の大きな課題を解決するスタートアップを育てるため、投資や人材育成、コミュニティー創造などを行うMistletoeを創業。コレクティブ・インパクト・コミュニティー（Collective Impact Community）という新業態を掲げている。ソフトバンクグループ社長の孫正義氏は実兄。

第１章

なぜ「何もない国」が IT先進国に変われたのか?

―― 政府をデジタル化する。

1-1

「ハンコ」も「書類」もない国で

電子政府で消え去った数々の「当たり前」

あるエストニア人女性は、小さな袋からハンコを取り出した。日本人の知人からもらったという、彼女の名前が英語で彫られたお土産用のものである。

女性はそのハンコをつまんでみせた。

「とてもクールなギフトよね。日本人や日本の会社はみんな、これを持っていると聞いたわ。これを署名として利用しているのよね」

筆者はうなずいた。彼女は、「へぇ」とハンコを見て目を輝かせた。普段見ることのないハンコというものへの好奇心だけでなく、過去の遺物を見た、そんな印象があった。

「私たちの国には、ハンコもサインもないのよ。行政書類も契約書類にも、すべての書類にコンピューターを使って電子署名をするの。将来的には、モバイルを使ってログインの必要もなくなるのよ」

エストニアの〝ハンコ〟といえば、暗号技術を利用した「電子署名」である。彼女は、日本のハンコがどうして偽造を防ぐことができ、セキュリティーを保てるのだろうかと、不思議そうであった。印鑑証明や代表印の話をしても、腑に落ちない様子だった。

電子署名が普及したエストニアでは、紙の書面による契約の締結はなくなった。電子署名は自著と同じ効果があるため、ＥＵ内では電子署名が〝ハンコ〟の代わりとなる。

エストニア在住のある日本人は「初めてエストニアに来たとき、驚いたのは電子署名の利便性でした。不動産の賃貸契約を結ぶとき、電子書類に電子署名をつけて相手にメールで返すだけでよかったからです。もちろん役所に行く必要はありませんでした」と話す。

欧州バルト三国の一国、人口約１３０万人のエストニア。いま、電子政府を実現したことで、この小国が日本から、いや世界から注目を集めている。

というのも、私たちが当たり前だと思っているものが「ない」、もしくは「ほとんど使われていない」からだ。先のハンコ（サイン）や紙の契約書に加えて、他にも消えていった、もしくは消えつつあるものが多々ある。

たとえば、現金、確定申告用紙、ファックス、薬の処方箋、パーキングメーター、運転免許証、地域の回覧板、学校からのプリント、保険証……等だ。

この第1章では、エストニアの最も大きなテーマである、電子政府を解き明かす。まずは、日本の「残念な実態」との比較を通して明らかにしていこう。

1-2 電子政府エストニアの正体

2時間以上待って追い返される日本の役所のあきれた実態

出生届けを手に、オープン前の杉並区の区民事務所に並ぶ1人の男性がいた。35歳の会社員、田中達弘さん（仮名）だ。2018年5月、田中さんの家庭には、待望の第1子が誕生した。その子の元気な泣き声を聞き、田中さんは「この子のためにもがんばらなければ」と自らを奮い立たせて家を出た。

しかしながら、その気持ちは出はなからくじかれることになった。

田中さんの本籍地が東京都杉並区ではなかったため、窓口の係員から「本籍地の自治体と電話で照合作業が必要です。相手の役所が開くまで1時間、待っていただかなければなりません」と言われた。

繁忙期のため、休まずに済むよう出社前に立ち寄った田中さんにとって、それは寝耳に水だった。照合作業の結果を受け取りに「来週にまた来るから」と言っても、係員は「駄目です」と言い、「戸籍関係はここにいてもらわないとできません。もし帰るなら、最初からやり直しです」と、とりつく島もなかった。

午前8時半前に並んだにもかかわらず、10人以上の列ができていた。書類の不備を指摘されて訂正印を何回も押すはめにもなった。子どもの名前も、「読み方が簡単ではないから」と言われ、人名辞典で何度も確認を受けた。

2時間以上もの間、役所に拘束されたあげく、結局、その日にすべての手続きが終わらなかった。必要書類の返信封筒を抱えて役所を出た田中さんは、「出生関連の手続きをするのがこれほど煩わしいとは……日本社会は本当に子どもを望んでいるのだろうか」とこぼしていた。

日本では子どもが生まれると、出生届の提出から健康保険の加入などさまざまな手続きがある。乳幼児医療費助成、児童手当、出産育児一時金・付加金、出産手当金、育児休業給付金、高額療養費……漢字ばかりが並ぶ、このような煩雑な申請手続きを1つずつ行うことになる。母子手帳に印鑑、本人確認書類などが必要で、うんざりすることは間違いないはずだ。

ところが、電子政府を実現したエストニアの場合は違う。なんと、申請がすべて自動で行われるというのだ。筆者はタリンに向かい、まず電子政府関係者に会って話を聞いた。

生まれてたった10分で国民ID番号が付与

エストニアの首都タリンの中心部は、世界遺産に登録された旧市街地がある。13世紀から中世の貿易都市として栄えてきたタリンは、城塞都市としての姿がいまなお残り、旧市街地は城壁にぐるりと囲まれている。道路には石畳が残り、ピンク色や緑色、青色といったパステルカラーの建物が並ぶ。観光用の馬車が走り、民族衣装を着た売り子が観光客の目を引き、日本人なら「かわいい」と思ってしまうだろう。「おとぎの国」とも呼ばれるゆえんである。

そんな旧市街地の一角に政府のオフィスがある。そこで政府のデジタル戦略アドバイザーを務めるマルテン・カエバツ（Marten Kaevats）に会うことができた。電子政府が何かを説明するに当たって、彼はこう語りはじめた。

「いい例を紹介しましょう。エストニアでは、子どもが誕生してからおよそ10分後には、政府から『お祝い』のメールが届くのです」

エストニアでは、子どもが誕生すると、病院側がオンラインによる国民登録手続きを行う。出生のタイミングで、自動的に１人１人に国民ＩＤ番号が付与されるのだ。

エストニアの首都タリンの街並み

このID番号とは11桁からなるもので、今後の行政サービスを利用する上で欠かせない番号である。何世紀生まれか、男女の性別、生年月日、シリアル番号などを基に、登録と同時に自動的に決まる。(1)

お祝いメールにはそれ以上の意味がある。マルテンは「お祝いのメールが届くということは、自動的に国の子育て支援に関する制度への申し込みが終わったということです。つまり、自分から申請せずとも政府からの支援金を得られるのです」と解説する。

日本であれだけ煩雑な出生関連の届け出が、エストニアではオンラインでほぼ自動的に終わる。名前を決めるタイミングも、日本の「14日以内」に対して、エストニアでは2か月の猶予が与えられているという。

(1) たとえば、1983年11月11日生まれの男性であれば、「3」(20世紀生まれの男性)+「831111」+「4桁の番号(シリアル番号+チェックディジット)」。

マルテンは続ける。

「出生だけではありません。誰かが亡くなったときは、近親者がお葬式の費用を自動的に得られます。職を失ったり、事故で障がいを負ったりした場合でも、自ら支援制度へ申請する必要はないのです」

このように、エストニアでは出生届を含めて行政手続きの99％をオンラインで済ますことができる。基本的に24時間３６５日稼働しており、時間に縛られることがない。それによって、日本のような煩雑な手続きをしなくて済むのである。

電子政府の展示室で実体験 車の所有権も1分で移せる

とはいえ、マルテンに出会った旧市街地では、電動立ち乗り二輪車セグウェイが貸し出されているぐらいで、先端的な技術社会を感じ取ることはできない。

本当にこの国は、デジタル化で世界最先端を行く国なのか。その疑問を解消するためのヒントを手に入れたのは、旧市街地を離れた先、タリン空港のそばだった。数多くのＩＴ企業や学術機関が集積する企業団地の一角に、電子政府の象徴的施設があった。

イーエストニア・ショールームで電子政府の説明をするインドゥレク・オンニク

それが電子政府の展示室「イーエストニア・ショールーム（e-Estonia Showroom）」。ビルの1フロアに当たる、およそ３６０平方メートルの室内には、エストニアの電子政府の歴史やスタートアップの展示物が並んでいた。

ここには現在、世界中から視察客が押し寄せており、すでに１３０か国から４万９０００人を超える訪問者を迎えているのだという。

筆者が訪れたとき、イーエストニア・ショールームのプロジェクトマネージャー、インドゥレク・オンニク（Indrek Õnnik）が出迎えてくれた。

「さて、電子政府を知りたいなら、１つ実演をしてみせましょう」

そう言って、インドゥレクは手にしたカードを見せた。カードには顔写真が貼られており、表面に11桁の国民ＩＤ番号が記載されていた。その他にも、名前や生年月日、性別などが記されていた。

インドゥレクは、そのカードを読み取り機にはめてノートパソコンにつないだ。専用のサイトにアクセスして、暗証番号を入力すると、彼の保有している車の車体情報が表示された。

「では、自分の車を他の人に売ることにしましょう」

そう言って、彼は専用サイトに、相手のID番号といくらで譲るかなどの入力を済ませて「これで終わりです」と言った。簡単でしょ、というように両手を開いてみせた。

実際に売ったわけではないものの、カードの接続からここまで、時間にして1分程度であった。これで相手側に情報が届き、相手が実際に支払いを済ませれば、車の所有権が移転される。その際、政府にも手数料が入るというのである。

もし、これを日本で自らやるとすれば、相手と自分の印鑑証明書や車庫証明書などを準備した上で、最寄りの陸運局に出向かなければならず、1日がかりの作業になるかもしれない。それが1分足らずで終わってしまったのだ。

なりすましは不可能
カギとなる電子身分証の存在

実は、電子政府化を実現する上で欠かせないのが、本人を確認する認証機能である。本人のなりすましを防げなければ、オンライン上のサービスは成り立たない。

そして、インドゥレクが手にしていたカード型の電子身分証明書（デジタルＩＤ、ｅＩＤともいう）こそが、電子政府を成立させるためのキーアイテムだったのだ。

デジタルＩＤカードにはＩＣチップが埋め込まれ、２種類の電子証明書が入っている。1つが認証用、もう1つが署名用である。

ここで言う電子署名とは、単なるデジタル上のサインとは異なり、なりすましや改ざんを防止する暗号技術を生かしたものである。これがあれば、手書きの署名と同様の効果があるため、紙の書類にサインをしたり、ハンコを押したりする必要がない。

このカードと専用のリーダー（読み取り機）を用いることで、オンラインで政府の各種サービスにつなぎ、電子申請ができる。この1枚が運転免許証や健康保険証になり、しかもＥＵ内では身分証明書にもなる代物なのだ。しかも認証と署名の両方に使え、政府のオンラインサービスを簡単に利用できる。

現在では、スマートフォンやタブレットなどモバイル端末を通じても認証できるため、読み取り機自体を使わなくて済むように進化している。カード自体も、2019年にはSuicaのような非接触型になるという。

もっとも、当初はそこまで信頼されていたわけではない。デジタルIDカードが配布されはじめた頃は、「冬、自動車のフロントガラスの霜を取ることにしか使えない」と揶揄《やゆ》されたこともあったそうだ。

だが、店頭でのキャンペーンや各公民館レベルでの地道な普及活動の結果、デジタルIDの国民への普及率は98％に到達した。いまでも公民館や公的施設を利用して、ITの苦手な高齢者を対象にした講習会を各地で開いているという。

そしてデジタルIDが普及したことで、電子政府で使えるサービスは拡大、どんどんと便利になった。

納税に選挙、医療もすべて電子化
国民の67％が日常的に利用する

確定申告の手続きはその1つだ。エストニアの場合は、税制が非常にシンプルであることもあり、基本的には申告の手間はかからない。画面上で確認を済ませればよく、早ければ3分程度で確定申告ができてしまう。

税関連の書類についても、約95％が電子化されている。確定申告シーズンになって税務署に列をなす光景がない。

これは、国民にとって便利なだけでなく、政府にとってもメリットがあり、税の徴収の効率化に結びついている。

経済協力開発機構（ＯＥＣＤ）の２０１５年の調査によると、税収に占める行政コストの割合は、エストニアが０・４％（52か国中3位）で、日本の１・７４％（52か国中52位）を大きく引き離している。それほど税徴収の効率性に差があるということだ。

もちろん税だけでない。選挙の投票をオンラインで行うこともできる。

エストニアでは２００５年の地方議会選挙から電子投票が導入されている。当時、全国規模での電子投票の採用は世界初となり「ＩＴ立国」の印象を与えた。

電子投票率は２００５年の１・９％から２０１５年の30・５％まで拡大した。しかも１１６か国から票が集まった。海外にいても投票ができるので、時間や場所に縛られることがない。

医療についても電子化が進んでいる。

カルテは電子化されており、既往歴や電子画像、薬の服用歴などの情報が一元化されて管理されている。そのため、医師は専用のポータルサイト上で、患者の医療情報を確認できる。緊急時でも、患者の血液型やアレルギー、投薬情報などを知った上で治療に当たることができるのだ。

このことは、患者にとっても大きなメリットがある。99％の処方箋が電子化されているので、患者が薬局でＩＤカードを示せば、書面を出さずとも薬を処方してもらえる。すべて電子ベースなので、病院での待ち時間がほぼなく、「病院で待ったことはない」という人もいた。

遠隔診療も進んでおり、メールやスカイプ（Skype）、電話で医師に連絡すると、数回のクリックで処方箋が出され、患者は最寄りの薬局で薬を受け取れる。血液検査の結果を聞きに病院に出向く必要もないのだ。

他にも、デジタルＩＤカードは、法人登記や公共交通機関、民間のオンラインバンキングでの利用などさまざまな用途で用いることができる。マイクロチップを入れたペットの家族登録を行っておけば、ペットが行方不明になっても、持ち主に届く仕組みもある。

こうした高い利便性もあって、国民全体の67％が日常的に利用しているという。

できないのは結婚、離婚、不動産売却
電子化がGDP2%削減の効果を生む

ただし、オンライン上で完結できないことが3つだけある。

それが「結婚」と「離婚」、「不動産売却」である。これは、エストニアの電子政府を語るときに有名な言葉である。

なぜこの3つができないのか。不動産売却は金銭的に大きな決断であるためだ。そして、結婚・離婚は、感情的に「早まってはいけない」ということが理由にある。確かに、一時の感情に流されてオンラインで離婚ができてしまえば、後悔するカップルも出てしまうだろう。

逆にいえば、それ以外はすべてオンラインでできるということで、いかに効率的かがわかる。次ページの図表1-1はこれまでの主な電子化の歴史をまとめたものだ。

インドゥレクは「電子政府のおかげで、国民・政府ともに時間の節約につながり、お金をセーブすることができたのです」と胸を張る。

実際、政府の電子化により、公文書が紙ではなくなった。署名は手書きのサインではなく、電子署名で行われる。それにより「毎月300メートルに及ぶ紙の書類が出なくなっ

た」と自負する。これはエッフェル塔の高さに匹敵するのだという。

さらに費用面で見ると、少なくとも毎年国内総生産（GDP）の2%分を削減する効果があったというのだ。エストニアの防衛予算に匹敵する規模であり、電子政府化が時間と紙の節約とともに、コストの削減にも大きく寄与している。

満足度を数値目標で管理 目指すは民間さながらの利便性

ここで気がつくのは、政府サービスが民間のインターネットサービスのように連続性を持って、継ぎ目なく（シームレスに）設計されていることだ。

図表1-1｜エストニアの主なデジタル政策年表

年	出来事	内　容
1991	独立回復	旧ソ連からの独立
1996	イーバンキング	キャッシュレス文化浸透へ
	タイガーリープ	全校へインターネットとコンピューター設置
2000	イータックス	電子税申告システム稼働
	イーキャビネット	閣議の電子化、電子署名法の制定
2001	X-Road（エックスロード）	エックスロードの運用開始
2002	eID カード	デジタル ID カードの配布開始
	イースクール	学校の情報を共有できる仕組み
2005	アイボーティング	インターネット投票
2008	イーヘルス	電子医療システム稼働
2012	プログラミング・タイガー	部分的にプログラミング授業開始
2014	イーレジデンシー	仮装居住制度の開始
2019	デジタルノマドビザ	仮想住民へ１年間滞在ビザを発給予定

＊"e-Estonia：e-Governance in Practice" と e-Estonia サイト（https://e-estonia.com/）を基に筆者作成

子どもが誕生したら子育て支援を自動的に提供する。収入の記録があれば税申告の手続きを自動的に行い、手間をなくす。このように、政府サービスが国民の手間を省こうとしているのである。

前出のマルテンは「誰も税金の支払いや行政書類の届け出で列に並びたいなんて思っていません。政府のサービスは、国民の人生をいかによりよく、より楽にできるかを考えてつくられています」と話す。利用者にとって、無駄な時間を省く、便利で快適なオンラインサービスを目指しているということなのだ。

実際、政府は、ユーザーの利便性について明確な数値目標を掲げている。2012年の調査では一般市民の満足度が67%だった。そこで2020年には85%を達成するという目標を掲げている。起業家向けの目標もあり、ITサービスに目の肥えた人々の満足度も76%から90%へと引き上げるという。

このように、「ユーザーフレンドリー」にするという、インターネットサービスの開発思想が染みついているのである。

それでは、この電子政府はいかに誕生し、なぜ実現できたのだろうか。エストニアの歴史をさかのぼると、島国の日本からは想像しにくい複雑な事情があった。

1-3

なぜ何もないのに電子化が実現できたのか

旧ソ連から独立した「何もない国」—IT立国にかけた小国の歴史

エストニアは、欧州バルト海に面する人口約130万人の小国だ。1918年に建国し、2018年には建国100周年を迎えた。

だが、その大半は占領の歴史であった。旧ソ連やナチスドイツによる約50年の支配をへて、独立を果たしたのは1991年のことであった。このとき、行政の中心を担っていたソ連の人々が一気に国を去り、エストニアは国家として次の対応に迫られていた。

① 誰が国民なのかを把握する

② 新しい法律を作る

③ 自国の通貨制度を整える

社会主義から資本主義へと移行したばかりのエストニアには、経済的に余裕がなかった。産業構造が変わり、旧ソ連向けの輸出産業が途絶え、企業倒産が相次いだ。輸出できるような天然資源はなく、ロシア系住民が退去したことで人口も大幅に減った。GDPは3分の1以上落ち、インフレに見舞われ、経済危機に陥った。

一方で、エストニアの国土面積約4・5万平方キロメートルのうち、51%が森林に覆われている。島も1500以上あるために、政府の公的サービスをあまねく広く届けるには非常に難しい環境だった。国づくりは「何もない」ところからスタートしたのだ。

しかしながら、エストニアは頭脳と若さでこれを乗り切った。

1992年に、国籍法を定め、独自通貨クローンも制定した。当時32歳の若き首相マルト・ラール（Mart Laar）の強力なリーダーシップの下で、旧ソ連依存体質からの脱却を目指し、市場開放と西側諸国の一員になることを目指した。

さらに、その当時、普及しはじめたインターネットに目をつけた。エストニア人はもともと数学教育の水準が高く、旧ソ連の中でも一目置かれていた。暗号技術を中心とした最先端の軍事技術の研究所やデータセンターが置かれ、その技術者が残っていた。

そこで彼らは、政府が電子化すればコストを抑えながら行政サービスを提供できると考えた。意思決定者が若かったこともあって、一気にIT戦略にかじを切り、新しい国づくりが始まった。

その一例がオンラインバンキングである。銀行サービスがオンライン化できれば、過疎地に窓口を置く必要がない。そこで政府は、民間企業と連携し、1990年代後半からオンラインサービスを広めた。いまでは代表的な電子サービスの1つとなり、「銀行に行く」という言葉自体がほぼなくなったという。

そのため、エストニアではキャッシュレス文化が進んでいる。観光地であるタリン旧市街地こそ現金を見かけるが、基本的に「現金を使うのは市場や有料トイレぐらいで、1か月の間、現金に触れないことはザラだ」（現地在住者）という。

実際、2016年の欧州中央銀行の調査では、EU内で取引量に占める現金の割合が最も低い国は、オランダ、エストニア、フィンランドで、エストニアはその割合が50%程度であった。ただし、仮想通貨やQRコード決済が流通しているわけではなく、あくまでカード支払いが中心だ。

話を戻そう。エストニアは、積極的に市場開放を行い、外資系企業からの投資を呼び込んだ。2004年には北大西洋条約機構（NATO）とEUへの加盟を果たし、安定的な経済成長につなげていく**（図表1-2）**。

OECDによれば、1人当たりGDP（購買力平価）は、1993年の5573ドル（約61万円）から、2016年の2万9741ドル（約327万円）へと、5倍以上もの成長

図表1-2｜エストニアの名目GDPとGDP成長率の推移

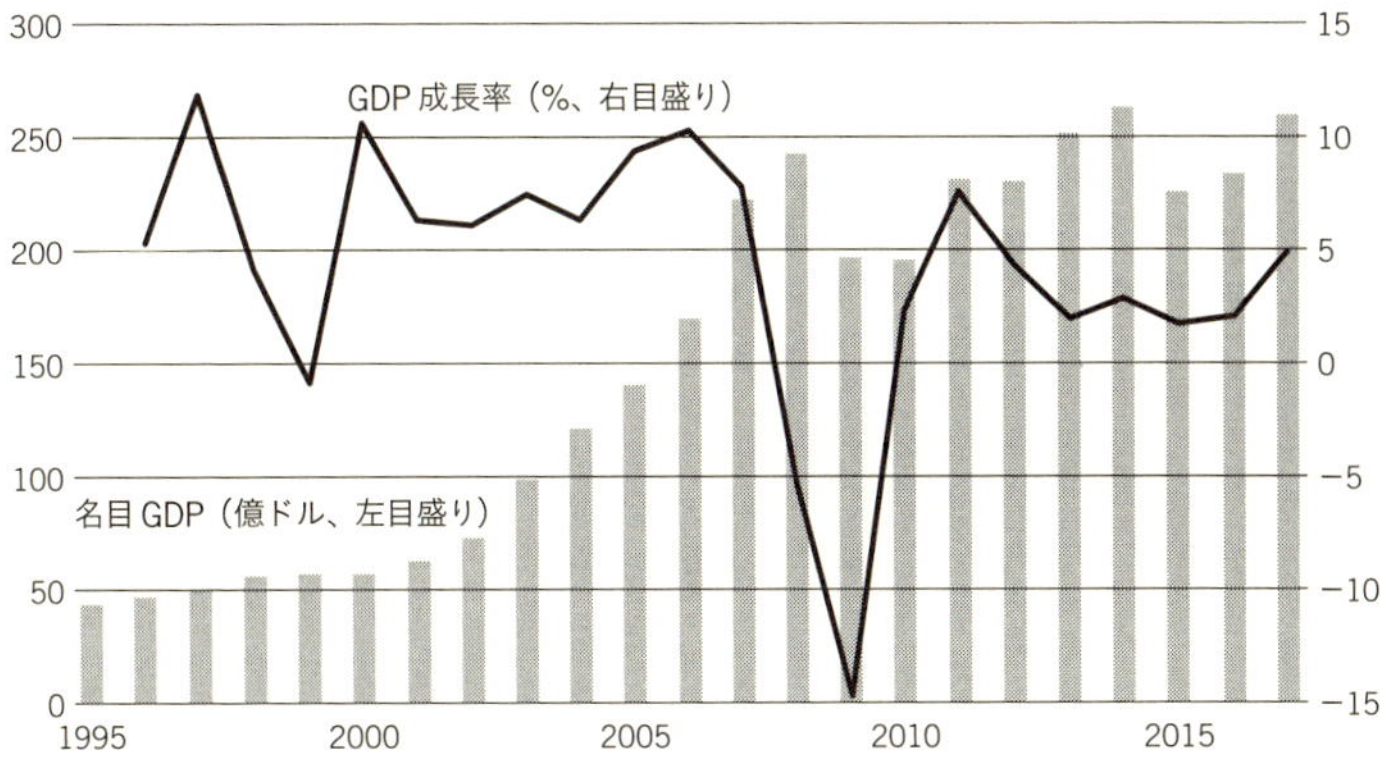

＊出所：World Bank national accounts data, and OECD National Accounts data files.

を果たしたのだ（日本はこの間、約2倍）。

国としてもブロードバンドの普及を積極的に行ってきた。2003年からはWi-Fiの環境を広めるため、有志で草の根的な活動が行われてきた。

NGOフリーダム・ハウスの作成した「インターネット自由度」では、アクセスの障害や内容の制約度合い、権利侵害の観点から、世界65か国中で「最も自由度が高い」という結果が出ている(日本は7位、最下位が中国)。

とはいえ、これだけで政府の99%を電子化することができるとは思えない。

たとえば、国連の国際電気通信連合（ITU）によると、アクセスのしやすさや、利用状況、スキル等からITの発展度合いを示した「ICT開発指標」では、エストニアは世界176か国中17位である。日本の10位を下回っている。

上位にあるとはいえ、発展度合いがトップというわけではない。ならばなぜ、エストニアの電子政府は成功しているのか。もう少し、掘り下げていこう。

巨大なデータベースなんていらない そのままつなぐという「逆転の発想」

ほとんどの国には国民や政府に関する情報を集めたデータベースがある。住民登録情報や企業情報、税金関連情報、運転免許関連情報、医療情報などが、それだ。

通常、これらのデータは統合して1つのデータベースにすることが効率的だと考えられている。1つのデータベースにすることで、あらゆる情報を一元的に管理できるからだ。

しかしながら、巨大な情報を持つことにはリスクがある。ハッキングや火災などの要因によってデータそのものが一度に消失してしまう危険性があるからだ。

また、同じ情報が入った他のデータベースとの「同期」（情報を一致させること）が難しい。古い情報と新しい情報が混在し、正しいデータがわからなくなるリスクがある。

何より、システムの構築と維持に多額の費用がかかる。当時のエストニアにはそれをま

図表1-3｜エックスロード（X-Road）の概念図

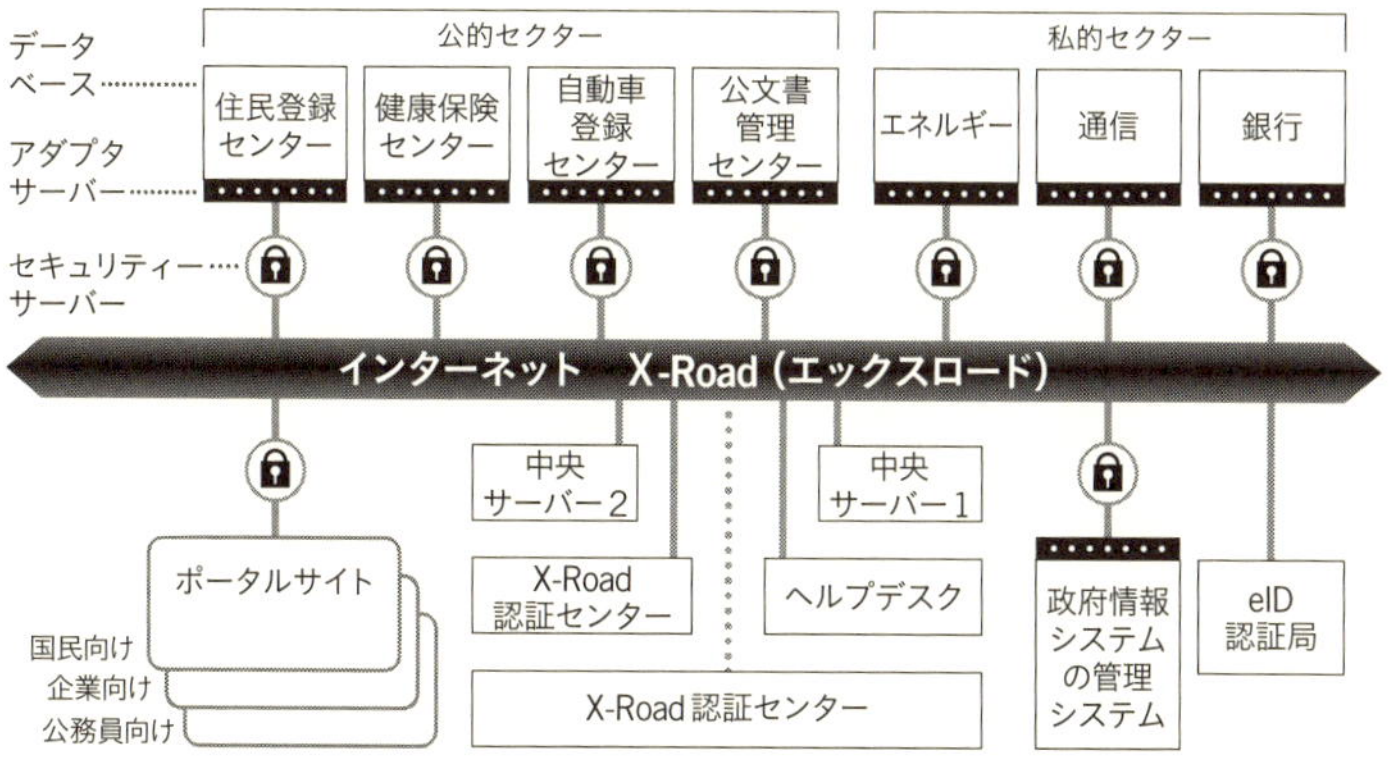

＊エストニア政府サイトを基に筆者作成

かなう余裕はなかった、というのが政府関係者の一致した見解だ。

そこでエストニアが選んだのは、1つの巨大なデータベース（スーパーデータベース）を作るのではなく、既存のシステム同士をつなぐことだった。

「バラバラのデータベースをつなぐ」という逆転の発想から、1つの仕組みを作り出した。

これが「エックスロード（X-Road）」。エストニアの技術力を代表する分散型のデータ交換基盤システムだ。2001年から使われているこのエックスロードこそが、エストニアの電子政府を支える重要な技術である。

図表1-3をご覧いただきたい。

これがエックスロードの概念図である。ポイントは、左下のポータルサイトと、左上の政府のデータベース、右上の民間のデータベースなどが1つの「道」を通じてつながっているということだ。実は、この道にはインターネット上からアクセスでき、しかもすべてのデータベースとつながっており、高速道路とインターチェンジのような関係が表されている。

それではなぜ、この「道」が重要な技術なのだろうか。

根幹を支える技術「エックスロード」とは何か

2018年5月、都内で会見したエストニアのウルヴェ・パロ（Urve Palo）起業・情報技術大臣は、エックスロードが果たす役割について、こう述べた。

「エックスロードは、いかなる組織や情報システムの間においても、安全な形でデータを送信、ならびに交換することが可能で、安全にデータを保管できます。エックスロードを利活用するインパクトは大きいのです」

このコメントだけではわかりにくいので、補足しよう。

ウルヴェ・パロ起業・情報技術大臣

まず、「いかなる組織や情報システムの間」について。エックスロードという道ができたことで、異なる仕様のシステム同士をつなぐことが可能になった。すでにあったデータベースをそのまま生かして、新しいものともつなぐことができた。

次に「安全な形でデータを送信、ならびに交換することが可能」について。それぞれのデータベースはセキュリティーサーバーを介しているので、情報は暗号化されている。そのため、安全にデータを交換し合うことができるということだ。

そして、「安全にデータを保管」については、大きなデータベースを持つ必要がないことを意味する。それぞれが築いてきたデータベースをそのままにできるし、全体で見れば分散的に保管するので、一度にデータすべてがなくなることはなく、かえって安全性が高いのだ。

とりわけ世界的にも珍しいのが、民間の金融機関や通信会社など民間企業のデータベースともつないだことにある。

これにより、国民側からすればデジタルＩＤを用いてオンラインアクセスすることで、公的なサービスも民間のサービスもいずれも利用することができ、利便性が上がった。たとえば、預金残高をもとにして納税額を自動で計算するといったことを可能にした。

民間企業側にしても、デジタルＩＤを基に政府のデータベースにアクセスすることができるので、本人確認に必要なコストを抑えることができた。これにより、次々と企業との連携が進んだ。

ただし、すべての情報が企業に筒抜けかというとそうではない。

あくまでも、情報は必要なときに、必要なだけしか確認できない。本人確認を行う際には、「このＩＤ番号の人は本当に存在するのか」といった問い合わせを当該データベースに対して行い、「はい」または「いいえ」という「返事」をもらうに過ぎないという。

企業は、データベース全体にアクセスできるわけでも、すべてのデータを閲覧できるわけでもない。このプライバシーの問題については、次節の1-4で詳しく解説する。

エックスロードは2001年に稼働して以来、これまでに2500を超えるサービスをつないでいる。しかもこの仕組みは、国境を越えて、フィンランドやアゼルバイジャン、ナミビアなどにも広がっているのだ。

最小限の費用でIT化に成功できた3つのポイント

エックスロードを基盤とした分散型のデータ管理システムの導入によって、システム全体の維持・運用コストを抑えることができた。

年間のシステム利用回数（リクエスト件数）は5億6327万件に上る。そこからエストニアは「約800年」という労働時間の節約に役立ったとうたう。[2] 労働時間だけでなく、年間の予算も抑えることに成功した。

政府のIT戦略トップ、最高情報責任者（CIO）のシム・シクト（Siim Sikkut）は「2018年において、中央政府のIT予算は1億3500万ユーロ（約176億円）です。

（2）約800年の根拠については、システム利用回数の5％は人間を介し、1件当たり15分の労働時間を節約していると計算している。https://ria.ee/x-tee/fact/#eng

これは、ソフトウエア、ハードウエア、人などすべて含めての数字。全体の予算の1・3％に過ぎず、他の国に比較しても低いといえるでしょう」と語る。

単純比較は難しいものの、絶対額で見れば、日本のシステムは運用コストだけで上から次のような費用がかかっている。(3)

①「記録管理・基礎年金番号管理システム」　516億円
②「ハローワークシステム」　408億円
③「年金給付システム」　324億円
④「国税総合管理システム」　245億円
⑤「登記情報システム」　176億円

つまり、日本の登記情報システム1つの運用費用で、エストニア中央政府が運用できるのである。

なぜ、コストが低いのかと問うと、シムは3つのポイントを挙げた。

1つ目はエストニアが小さい国であり、**ソフトウエアの開発や仕様の変更が簡単なこと**である。これは説明不要だろう。

2つ目が**「民間の力を非常に効率的に活用できていること」**にある。

エックスロードを主に開発したのは、民間のサイバネティカ（Cybernetica）社である。民間といっても、ソ連時代の1960年に設立されたサイバネティクス研究所が前身だ。先に述べた軍事技術研究の拠点であったため、暗号技術やセキュリティー技術に長けた人材を擁している。

さらに、エックスロードは、ソフトウエアの設計図に当たるソースコードを公開している。オープンソース型にしたため、国境を越え企業や外部団体の専門家が加わりやすい体制を敷いた。そのため、サイバネティカだけでなく、外部の優秀な専門家たちとのコミュニティーをつくり、安価でシステムを改善、運用することにつながっているのだ。

3つ目に**「一度できたシステムを一から作り直すことをしなくてよかったこと」**だ。繰り返すが、エックスロードは「道」に過ぎず、それぞれのデータベースをつなぐ仕組みである。従って、一からシステムを作り直す必要がなかった。バラバラのシステムをつなぎ、それを生かすという分散型の仕組みを築くことによって、コストを抑えたのである。

（3）2016年度、内閣官房ITダッシュボード「政府情報システム投資計画」https://www.itdashboard.go.jp/Statistics/investment#200

まるでスタートアップ
若手人材を積極登用する政府

もっとも、日本から見ればエストニア政府人材の面も大きいだろう。

電子政府立案の中枢、ＣＩＯのシムのオフィスは、エストニアの経済通信省内にある。近代的なビルの中にあるオフィスは、自然光を取り込んでいて明るく、間仕切りはガラスのため見通しがよい。自由に使えるキッチンが置かれた部屋もあるため、政府施設独特の重苦しい雰囲気がない。シムの部屋にもバスケットボールのゴールネットが飾られていて、まるでスタートアップのような開けたオフィスだった。

ここには、シム率いる政策部隊があり、彼らが電子政府のＩＴ政策を支えている。20〜30代の若い人材が中心で、研修も盛んに行われている。シムは「ＩＴプロジェクトをどのように設計するか、最近の技術をどう分析するかなどを研修しています。さまざまな種類のプログラムがありますが、幹部公務員に対して数か月に一度、数日程度は研修を行いますす」という。

さらにシムは、外郭団体のエストニア情報センター（ＲＩＡ）も率いている。ここには１２０〜１３０人規模の部隊がおり、彼らがエックスロードの運用やサイバー攻撃への対応を担当し、各省庁への技術支援も行っている。

シム・シクト最高情報責任者（CIO）

日本・エストニア／EUデジタルソサエティ推進協議会の前田陽二代表理事は「日本とは違い、エストニアの政府には多くのIT技術の専門家がいる。その専門家が各省庁や自治体から提出されたシステム開発案件をすべてチェックし、開発の重複を避けるなど無駄を省く努力をしている。省庁や自治体ごとにシステム開発会社（ベンダー）に丸投げすることが許される日本とは違う」と指摘する。

後にも登場するが、シムの前任のターヴィ・コトカ（Taavi Kotka）は、2013年に当時34歳でCIOという要職に就任した。ターヴィは、もともと技術者で、IT起業家という経歴を持っていた。そうした若い人材を積極的に政府が登用してきたのだ。

こうしてエックスロードという基盤技術を

用いることで、コンピューター言語も設計もバラバラだった過去の遺産を生かしながら、新しいシステムを作り上げたエストニア。民間機関を政府システムとつなぐことで、電子サービスが充実し、利便性を高めることもできた。政策面においても民間人材を積極的に登用し、民間の技術を生かすことで、電子政府の実現を成功に導いたのである。

ここまで、電子政府の便利な面を強調してきたが、当然プライバシーの問題を気にかける方も多いだろう。次節で詳しく見ていくことにしよう。

1-4 どのようにプライバシーを守るのか

アクセスすると必ず残る「足跡」
個人情報の不正利用は刑務所行き

エストニアの電子政府の話をすると、多くの日本人は「便利そうだけど、誰にでも自分の情報が筒抜けになっているようで、プライバシーが不安だ」と口にする。

確かに、電子政府の利便性が上がるほど、個人に関するデータの扱い、とりわけプライバシーの問題は避けては通れない。それでは、エストニアはなぜ電子政府が受け入れられたのか。

その1つの回答が、エストニア政府ポータルサイト(4)に入り、デジタルIDでログインすると閲覧できる画面にある。

このサイト上で確認できるのは、氏名や電話番号といった基本的な個人情報に加えて、車の登録情報から不動産情報、ヘルスケア情報など多岐にわたる。

(4) https://www.eesti.ee/

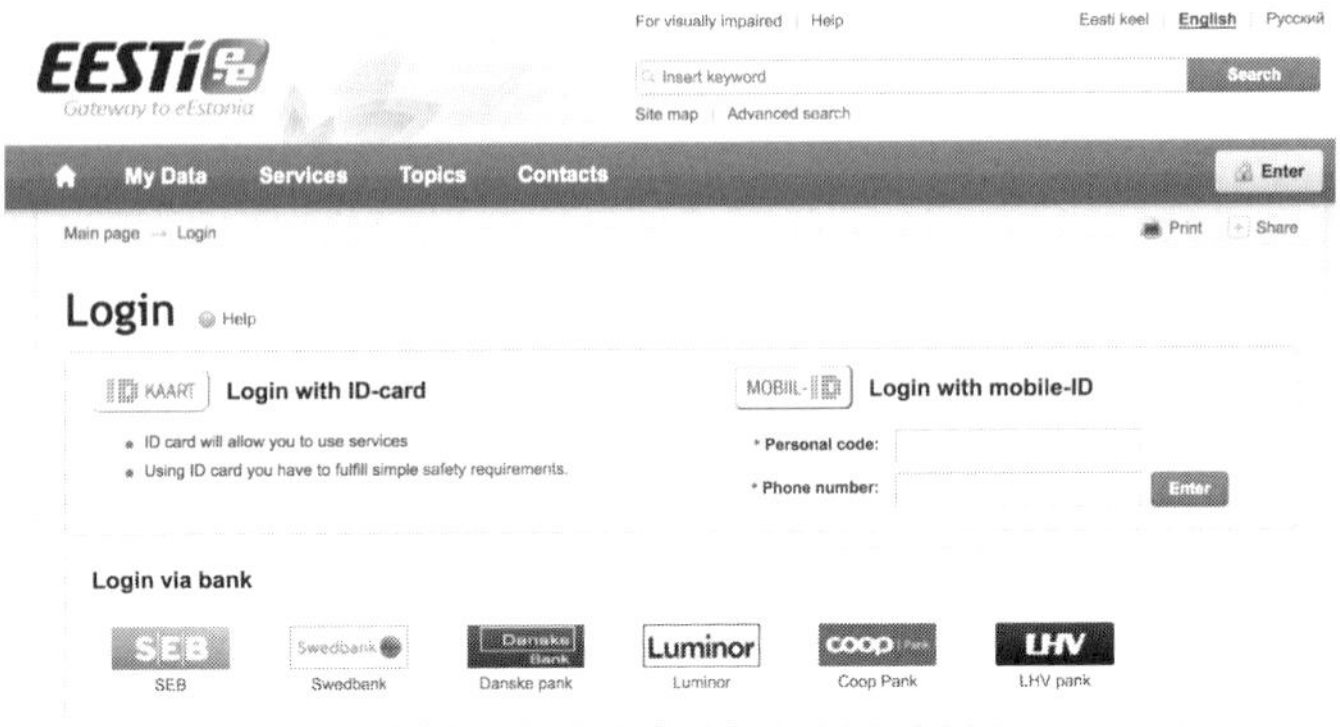

ポータルサイトのログイン画面

さらに、先に進むと、自分の登録情報だけでなく、自分の情報が「いつ」「誰」に利用されていたのかが一覧でわかるページにたどり着く。

何時何分何秒にアクセスがあったのか。アクセスしたのは、自分なのか、行政機関なのか、民間企業なのか。誰がどのように自分の情報にアクセスしたかの記録（ログ）を本人が確認できるのだ。

「え、そんなの怖い」と感じられるかもしれない。

だが、ここで強調したいのは、見られるのは自分の情報だけであり、他人が自分の情報を見ることについては、厳罰が科されていてできないことだ。

先のエックスロードを思い出してもらいた

Loetelu ühe isiku andmete pärimise kohta

Kuupäev	Kirjeldus	Päringu sooritanud asutus	Toimiku nr	Päringu sooritanud isik	Päringu sooritanud isiku amet
09.04.2018		Välisministeerium	isikut_toendava		
08.10.2018		Kodanikuportaal	1	38311220117	

Again　Save　Send

Last modified 28. August 2015

ポータルサイトにログインすると確認できる個人情報画面

い。それぞれの機関がデータベースを独立して管理しているため、必要なときに必要な情報が交換される仕組みである。そのため、警察だからといって住民登録データベースに簡単に触れられるわけではないし、すべてのデータを丸ごと受け取るというわけでもない。大統領であっても、簡単に他人のデータには触れられない。

それではもしも、他人のデータを不正に利用したらどうなるのか。

答えは、刑務所行きである。エストニアでは、職務上知り得た他人のデータを不正に開示、または利用したとなれば厳しいペナルティーが科されることになる。

刑法（Penal Code）の第157条には、法人かどうかやデータの機密性などにより、不正に他人のデータを利用した場合、罰金刑または懲役刑が科されることが明記されている。実際、これまでも警察官や医師が処罰された例があるという。

イーエストニア・ショールームのインドゥレクに尋ねると、「医師なら仕事を失ったケースもあります。エストニアでは決して再び医師になれません。警察官なら失職のみならず、刑務所に入った例もあります」という。

ログを見れば、誰が自分の情報を見たのかがわかる。少なくとも職業上のペナルティーはかなり厳しく課されそうなので、そのリスクを負ってまでデータを見ようとすることはないのだという。無論、一般人はデータにアクセスすることすらできないし、それをしたらしたでアウトだ。

「透明性」を確保して情報のコントロール権を個人に返した

それでもプライバシーの不安はぬぐえないのではないか。そんなことを言うと、エストニア人の中には「ロシアの支配のときにはプライバシーなんてなかった」とジョークを言う人もいた。

そんな経験をした彼らが重要視していたのが、制度設計のあり方である。

「政府は信用していないけど、制度は信用しているわ」

政府に否定的な複数のエストニア人からも、こんな声を聞いた。

電子政府の実現によって、政府の仕事はすべて電子化された。電子署名があるため、ハンコもいらず、行政が効率的になった。それと同時に、記録が電子的に残るようになったため、不正がしにくくなるという副産物もあった。


この制度の本質はどこにあるのだろうか。

エストニア経済通信省の経済開発部局次長を務めたラウル・アリキヴィ（Raul Allikivi）は「ポイントは、自分で自分のデータをコントロールできる仕組みにあります」と話す。

「大家と居住者の関係でたとえてみましょう。居住者の情報が大家にすべて筒抜けになっていて、それを自由に使われていたら『大変だ』と思うことでしょう。だが、もしその情報を自分で出すか出さないかを決められるなら、きっと考え方が変わってくるはずです」

ラウルがそう言うのも、彼自身にその体験があるからだ。

エストニアでは、公務員の収入は一般人も知ることができる。当然、公務員になった人々にとっていい気はしない。だが、公務員になる前から収入が公になるとわかった上でその道を選んだとなれば、納得がいくはずだ。

先に述べたように、専用サイトでは、誰がいつどの情報を利用したのかの記録を見ることができる。つまり、自分自身で「情報をコントロールする権利がある」と実感できることが重要なのだという。政府はその権利を国民に渡したのだ。

エストニアの制度を調べていると「透明性（Transparency）」という言葉によく出合う。まさに制度の透明性があることで、プライバシーへの不安を拭い去っているのだ。

政府サービスではないが、デジタル広告でも同じように実証されている。

ハーバード・ビジネス・スクールのレスリー・ジョン准教授によれば、インターネット上の興味・関心や行動履歴などから行うパーソナライズ広告を配信する際、プライバシーの配慮の仕方によって、購買意欲が変化したという。

「自身の個人情報が不愉快な方法で他者に渡ったことを消費者が察知すれば、購入意欲が低下することが一連の実験で裏付けられた」のである。

先の例でいえば、大家が勝手に居住者の情報を業者に与えて、業者から居住者にチラシが届けば、それは不愉快どころか大家の信用問題にすらなるだろう。

データベースの複製は禁止
「1度きり」の原則

エストニアの電子政府制度において、透明性の他にもう1つ重要な原則がある。それが「1度きり」（"Once Only"）の原則である。

「1度きり」の原則とは、「政府は同じデータを求めるために2度同じことを聞かない」という考えである。

これだけではわかりにくいので、利用者側の視点から事例を挙げよう。

たとえば、引っ越しをしたとしよう。日本では住所変更の通知を、役所や警察署、電気、ガス、水道会社など非常に多くの関係先に出さなければならない。

だが、エストニアの場合は、住所変更を一度届け出たら、少なくとも行政側に対して同じ手続きは必要ない。自動ですべての住所変更ができるので、心配はいらないということだ。

この原則を実現するために、エストニアでは情報公開法（Public Information Act）によって、同じデータを集める目的で複数のデータベースを構築することを禁じている。つまり、似たようなデータベースをあちこちで作ってはならないのだ。

どういうことかといえば、行政の仕組みの上で、データが重複して登録されることを防いでいる。この原則があることで、「住所変更を繰り返していくうちに、住所がそれぞれのデータベースで違う」というような食い違いが起きないようにしたのだ。

政府側から見ると、誕生日や住所のデータを入れた住民登録データベースを構築したならば、これと似たデータベースを作ってはいけない。日本のように、「省庁の管轄が別だから」といって作ることはできない。

もしそのデータが必要ならば、個々のＩＤ番号を通じて、住民登録データベースにアクセスしてその都度、取得すればいいのである。

この原則が、データの重複を防ぎ、安全性を高めるだけでなく、国民の利便性を高めることに役立った。しかも、それが制度の信頼性を高めたのだ。

国民の１割超が同意 なぜ遺伝子データを国が収集できるのか

国民の11・７％の遺伝子データを収集する――。

いま、エストニアではこんなプランが持ち上がっている。タルトゥ大学のゲノムセンターが中心となり、15万人以上の遺伝子データを集め、慢性疾患の予防や医療情報提供に役立てようと計画している。

実は、遺伝子データの収集プロジェクトは2000年代から始まっており、すでに5万2000人分のデータが集まっている。その試みを加速させる格好だ。

ただ、そもそも究極のプライバシー情報とされる遺伝子データを、国家がこの規模まで集めるというのはあまり例がない。英国で有名なバイオバンクでも50万人規模、人口比1%未満である。アイスランドの例もあるが、人口約30万人とエストニアより小さい。

出自に関する情報流出を防ぐようにするとはいえ、民間で行われているような、健康維持・予防サービスへとつなげるというのだから、驚くばかりである。

もし、日本で同じことをやったらどうか。おそらく強い反発が生まれ、頓挫することが目に見えている。それは、国が遺伝子データを集めれば、国民は「きっと自分の情報が不利なことに使われるのに違いない」という不信感があるからだ。

エストニアと日本の差は、単にプライバシー意識の差だと思われがちだが、実はその裏には制度の設計思想に大きな違いがある。

電子政府エストニアを理解するための6つの原則

ここで、エストニアの制度の理解を深めるため、これまで紹介したものも含め、重要な原則を6つに絞ってご紹介しよう。

①分散化

エストニアには、中央集権型の巨大なデータベースはない。エックスロードというデータ交換基盤システムを用いることで、各省庁や民間企業などそれぞれが独自のシステムを持つ仕組みだ。さらに900以上の組織が相互接続して、利便性の高いサービスを提供している。

②透明性

国民は、個人情報が誰にどのように利用されているのかを秒単位レベルで確認することができる。もし他人の情報を不正に利用した者がいれば、厳罰を科す。職業柄個人データを扱える立場の人でも、職を失い、懲役刑になることもある。

③1度きりの原則

似たようなシステムを作り、似たようなデータを集めることを防ぐという原則。政府は同じデータを集める目的でデータベースを構築してはならない。国民からすれば、一度住所変更を伝えれば他の機関に言う必要はない。

④ノー・レガシー

時代が変われば技術も変わる。そのため、公的部門は13年以上古いもの（レガシー）を重要なITソリューションツールとして使ってはいけない、としている。逆にいえば、常に官僚は最新技術を学び、システムも更新（アップデート）しつづけるという考えが備わっている。

⑤ユーザーフレンドリー

電子政府のサービス満足度を数値目標にし、オンラインサービスの使いやすさを追求している。民間のインターネットサービスのように、国民の生活の向上をもたらす政府サービスを目指している。

⑥データの完全性

大規模なサイバー攻撃を受けた教訓から、「KSIブロックチェーン技術」（次節で詳述）を用いて、すべてのデータを1秒ごとに完全であることを証明し、データ改ざんを検知する仕組みを築いている。

電子政府の制度にはこうした原則があるからこそ、政権が替わったとしても政策が一貫していて、国民の信頼を集めることができた。とはいえ、ここで疑問に感じるかもしれない。「プライバシーを守る仕組みはわかったが、セキュリティーは本当に大丈夫なのだろうか」と。

次節より、原則の最後で述べた「データの完全性」について踏み込んで語っていく。エストニアの根幹を支えるセキュリティー技術について理解を進めると、「ブロックチェーン国家」と呼ばれる理由もわかるはずだ。

「ブロックチェーン国家」と呼ばれる理由

日本とも深い縁のある
セキュリティー企業の偉業

エストニアのセキュリティーの核となるブロックチェーン技術を提供しているセキュリティー企業があると聞き、タリン近郊のその会社に向かった。

ミーティングルームに入ると、異質な物体が目にとまった。抱えないと持てない大きさのダルマが縁起物として飾られていたのだ。しかも定期的に奉納しているというから、日本と少なからぬ縁を感じさせる企業である。

それが2007年に設立されたガードタイム（Guardtime）だ。

実は、ガードタイム創業メンバーで暗号技術者のマルト・サーレペラ（Mart Saarepera）は東京工業大学への留学経験がある。MITメディアラボ所長の伊藤穰一さんとの親交もあって、創業時に、彼から出資も受けたという。

　このガードタイムが開発したのが「ＫＳＩ（キーレス署名）ブロックチェーン」という技術である。一言でいえば、「リアルタイムでデータの改ざんを検知する」ということを可能にした技術だ。

　これがエストニアの国のシステムに採用され、エックスロードと同様に電子政府を支える重要な技術となっている。それだけでなく、米国大手軍需企業ロッキード・マーティンをはじめ、ＮＡＴＯや米国の国防高等研究計画局（ＤＡＲＰＡ《ダーパ》）といった世界最大の防衛組織に採用されている。

　それでは、なぜ、エストニアにこのブロックチェーン技術が導入されたのか。時計の針を10年以上前に戻すことにしよう。

国家を狙ったサイバー攻撃がブロックチェーン導入のきっかけに

　２００７年、エストニアは電子政府として初めての試練を迎えた。

　ロシアからと見られる大規模なサイバー攻撃を受け、政府や銀行、メディアなどのシステムがダウンした。クレジット（デビット）カードを日常的に利用していた人々は、パンやミルク、ガソリンなどが一時的に買えなくなった。

これは、世界初の国家を対象にした大規模なサイバー攻撃であったと言われる。この出来事は、国民に衝撃を与えた。

ただ、不幸中の幸いだったかもしれない。というのも、この攻撃は、DDoS（ディー・ドス）攻撃が中心だったからだ。大量のコンピューターを利用して特定のサーバーにアクセスを集中させて負荷をかけるものだったので、重要なデータを抜かれたり、失ったりすることがなかったと言われている。

いずれにせよ、これは電子国家エストニアにとって大きな教訓になった。

そこで政府はまず「味方」をつけることにした。対ロシアの最前線として、ＮＡＴＯのサイバー攻撃における防衛拠点を〝誘致〟したのだ。２００８年にＮＡＴＯサイバー防衛協力センターが設置された。

味方をつけたエストニアは次に、技術的にセキュリティーレベルを高めることにした。

ここで考えてもらいたい。そもそも、国家に対するサイバー攻撃において、最も危惧すべきこととは何だろうか。データがなくなることだろうか。ハッキングされてしまうことだろうか。

エストニアの答えは、データの「完全性（Integrity）」の担保にあった。耳慣れない概念だと思うため、やや細かくなるが述べていこう。

たとえば、敵国の内通者が自国に侵入したとする。内通者の力を借りて敵国が医療機関のデータをこっそりと書き換えたとしよう。たとえば、患者の血液型データである。すると、それまでの患者のデータが失われるばかりか、本当のデータが何なのかもわからなくなる。それが誰も知らないところでひそかに行われていたとしたら、人命に関わることになる。

医療に限らず、インフラの設定情報や重要機密公文書など、重要なデータの中身が書き換えられ、本当のデータとの整合性がつかなくなれば、復元ができなくなるばかりか、運用もできなくなる。

それが最も深刻な問題につながると、エストニアは考えたのだ。これがデータの「完全性」の意味することで、セキュリティー上、最重要視される考え方になったのだ。

エストニアでは、暗号技術の専門家らがこの問題の解決に乗り出した。この取り組みに、先のガードタイムが深く関わっていた。２０１１年、世界で初めて国家にブロックチェーン技術を導入したのである。

エストニアが「ブロックチェーン国家」と呼ばれる理由は、ここにあるのだ。

データの「完全性」とは何か？ ガードタイムが開発した唯一無二の技術

「われわれのブロックチェーン技術はセキュリティーに特化したもので、1秒ごとにデータの『完全性』を証明しています」

そう語るのは、ガードタイムのプレジデント、マーティン・ルーベル（Martin Ruubel）だ。

先に、患者の血液型が書き換えられたら大問題だと述べたように、データが書き換えられてしまうと、データの「完全性」が保てなくなる。

ならば、データの書き換えを防ぐにはどうすればいいのか。

ガードタイムは、書き換えを防ぐというよりも、書き換えられても確実にそれを追跡できるという技術を開発したのだ。

ガードタイムの技術は、ブロックチェーン技術の1つの要素である「マークルツリー」

という、大規模なデータを効率的に要約、検証できるアプローチを生かしている。それにより、毎秒データの完全性を数学的に証明しているのだ。

もう少しわかりやすくいえば、流通するデータに1つずつ「指紋」を残すようにしているといえるだろう。1秒ごとに指紋をつけることで、誰がいつどのような変更を行ったのかが、毎秒記録され、検証もできるのだ。リアルタイムでデータの改ざんを検知するといえるのも、このためである。

ここでは細かく述べないが、ガードタイムは暗号鍵技術を用いて、従来型の公開鍵基盤(PKI)とは異なり、管理者を必要とせず安価に運用できる署名技術を開発したのである。データの完全性を証明する上で最も重要な暗号値(マークルルート)を毎月、フィナンシャル・タイムズに公開している。実際の紙の上にこの値が掲載され、保存されるので、電子システムが乗っ取られても、暗号技術を用いれば完全性を検証することができるのだ。

少し息切れしてきそうな内容であるが、ガードタイムの本質に迫るブロックチェーン技術の概要については、巻末の補章「ブロックチェーン技術とは何か」に譲ることとしよう。

ビットコイン誕生以前に生まれた独自ブロックチェーン技術

ここで押さえておきたいことがある。

マーティンが「仮想通貨で用いられる一般的なブロックチェーン技術は、国家のセキュリティーを守るのには向いていません」という、その理由だ。

一体どういうことかといえば、通常のブロックチェーン技術を用いると、過去の取引データがすべて要約されて包含されてしまう。だが、国家の機密情報は、ビットコインのような不特定多数の間で取引するものの類いではない。

ガードタイムの技術は、このデータ部分をそもそも包含していない。それによって、国家機密が流出する恐れはないというのである。

2018年5月までに、日本発のモナコインという仮想通貨において、「プルーフ・オブ・ワーク(仕事の証明)」という仕組みが悪用され、取引履歴がすり替えられた。これにより、ブロックチェーン技術の安全神話に傷がついた。だが、その点、ガードタイムではこのようなことが起こらないという。

ここまでで見てきた通り、ガードタイムの技術は、一般的なブロックチェーン技術とは

ガードタイムのプレジデント、マーティン・ルーベル（左）とCOOのカリン・キビメ（Karin Kivimäe）

様相が異なる。実は、彼らの技術は、２００８年にビットコインが公になる以前から存在し、ブロックチェーンの要素技術を生かしているという点で似ていた。そのため、後に「ブロックチェーン」と名乗ったのである。

いずれにしても、ブロックチェーン技術が生まれる以前から、エストニアは、エストニア流の改ざん検知手法を築き、それが国家のセキュリティー担保に役立っている。

1-6

データとは誰のものなのか

日本人とエストニア人による企業が保険金支払いの時間を大幅短縮

「エストニアの電子政府をおよそ17年間にわたって支えてきたコアインフラといえば、1つがエックスロード、もう1つが国民ID番号です。この2つを民間運用して、これから日本へ、世界へと展開していきます」

2018年5月、プラネットウェイ（Planetway）の平尾憲映・最高経営責任者（CEO）は会見を開き、こう述べた。

プラネットウェイは、エストニアの電子政府で用いられた技術を世界で初めて民間企業向けに応用した製品を展開する、2015年に設立されたスタートアップだ。米国に本社を構え、エストニアでR&D（研究開発）を行い、日本でサービス事例を作り、米国から世界へと広げていこうというユニークな企業である。

その体制は「社員の半分は日本人とエストニア人で、エンジニアの95%がエストニア人」

（平尾ＣＥＯ）という珍しい形態である。最高技術責任者（ＣＴＯ）には、データベース管理システム「MySQL（マイエスキューエル）」の共同開発者として知られるトーニュ・サミュエル（Tõnu Samuel）も入った。日本とエストニアの力を結集したテクノロジー企業ともいえる。

そのプラネットウェイは早速、成果をあげた。

２０１７年に東京海上日動火災保険と、福岡県の病院などと保険金請求の支払いを行うための医療情報を交換する実証実験を行った。

その成果について、平尾ＣＥＯは「従来の保険金支払いプロセスは、通常1か月以上かかっていましたが、数十分以内に短縮することに成功しました。これから、さらにさまざまな業界に広げていきたいです」と話す。

東京海上の稲葉茂常務取締役も「正直、大丈夫かと思っていたが見事でした。（専用線など）高度な通信環境なしに、極めて高いセキュリティーを確保しながら簡単にデータの交換ができました。重要な個人データに関してこういった仕組みが使えるというのは非常に大きな成果でした」と強調する。

日本人とエストニア人たちの力によって、保険金支払いの時間を大幅短縮するということを実現できたのである。

ただし、プラネットウェイの掲げるビジョンやその世界観は単にエストニアの技術を民間に転用するというだけではなく、もっと大きいものだ。

平尾CEOはこう述べる。

「非常に多くの個人に関するデータを用いたデジタル広告モデルが当たり前のように成り立っています。ですが本来、あるべき社会とは、自分たちの情報を自分の意志でコントロールできるような社会ではないでしょうか。われわれが目指すべき社会は、『データの主権』を個人に返すところから始まります。データ主権が個人に帰属された世界をプラネットウェイはつくっていきたいのです」

では、平尾CEOが言う、「データの主権」とは何だろうか。

GDPRの施行がインターネット産業の転換点に

2018年5月25日、EUにより立法化された「一般データ保護規則（GDPR）」が施行された。インターネット産業にとっては歴史的な転換点を迎える日となった。

「GDPR（ジーディーピーアール）」という言葉は耳慣れないかもしれないが、それに前後して「プライバシーポリシー変更」の通知メールが多く届いたことは覚えているかもしれない。

ＧＤＰＲとは、住所や氏名など伝統的な個人情報だけでなく、コンピューターのＩＰアドレスや位置データなど、個人に関わるデータを保護することにした法律のことだ。適応範囲は、ＥＵ加盟国に欧州経済地域（ＥＥＡ）の３か国を加えた31か国に所在するデータである。

これまで「氏名」や「住所」のように単体のデータだけで個人を識別することのできなかったデータでも、複数のデータを組み合わせることで「この人だろう」とわかるデータについては、きちんと保護しようと決めたのだ。

たとえば、毎朝の通勤を思い浮かべてもらいたい。自宅を出ていつもの駅をＩＣカードで通り抜け、会社や学校まで電車で通い、途中でＩＣカードについた電子マネーを使って男性向けの雑誌を買ったとしよう。

もしこのＩＣカードのデータとスマートフォンの移動履歴を第三者が利用したらどこまでわかるのか。

名前を特定されるわけではないが、移動履歴のデータと購買データだけでも、その人の自宅がどこにあり、どの会社や学校に所属しているかがわかる。そして雑誌の種類によっては興味関心と年代までわかってしまうのだ。

当然、これより多くのデータを組み合わせれば、個人を特定するのはより簡単になる。


昨今、巨大なデータを扱えるインフラが整い、スマートフォンなどの端末のセンサーがポケットに入ったことで、企業は大量のプライバシーデータを入手できるようになった。さらにＡＩの進化により、アドテクノロジーの発達が目覚ましく、プライバシーデータは「21世紀の石油」ともてはやされてきた。

インターネット産業、とりわけグーグルやフェイスブックは、メールの中身やＳＮＳの投稿内容など個人に関わるデータを活用して、個々にカスタマイズした広告を配信し、企業から巨額の広告収入を得てきた。


ＧＤＰＲは、それにくさびを差した格好だ。ＥＵが個人のプライバシーに関わるデータの「保護」について企業側に強く求めたのである。

違反をすれば、最高で２０００万ユーロ（約26億円）か、全世界年間売上高の４％のいずれか高い方で制裁金が科されるという強烈なものだ。ＥＵ側による米系インターネット広告産業への制裁を図った見方もできる。

ただ、この動向を個人の視点で捉え直すと、別の見方ができる。重要なのは、プライバシーに関するデータも含めて、個人が自らデータをコントロールできるようにする、その権利を取り戻そうとする動きなのである。

自分の情報は自分でコントロールする「データ個人主権」の時代が到来

平尾CEOの発言を読み解くには、GDPR施行の背景を理解する必要があるのだ。その点、実はエストニアの電子政府の仕組みからは、「個人に関わるデータは個人がコントロールするのだ」という強い意志が込められている。

先にも述べたように、エストニアの電子政府には、自分の情報がどう使われているのかを確認できる。不正利用についても厳しく罰する制度がある。

政府のみならず、企業に対しても、個人のデータを勝手に盗み見たり、使わせたりさせないということなのだ。

エストニア人は「データの個人主権」について強い意識を持っているともいえよう。

今後、ブロックチェーン技術を用いることで、データがどのように流通したのかまで追跡できるようになる。政府や大手機関の力がなくとも、データの正しさを証明することも可能になるため、ますます自分のデータをどうコントロールしていくかが問われるのだ。

すでにその動きは始まっている。

ドイツのフィンテック系スタートアップ「N26」がそれだ。EU内の一部の国で、スマートフォンがあれば口座開設が8分ででき、デビットカードが発行されるということで一気に広まっている。『さよなら、インターネット』の著者、武邑光裕氏によれば、そのポイントは、カードの利用停止がアプリ上でできることだという。

これまで銀行の振込やカードを紛失した際は、銀行に紛失を届け出なければならなかった。だが、それを個人がその場で利用停止できる。情報のコントロール権が個人に戻った一例なのだ。

いま、センサーデバイスの発達により、数え切れないほどの個人データが収集される時代を迎えている。そのデータを大手企業にも政府にも任せておくわけでなく、出してよいもの、出してはいけないものを判断していかなければならない。

世界39都市、50機関のワークショップからまとめられた『〈データブック〉近未来予測2025』(早川書房)によれば、2025年までに「データ所有権」という考えが広まるという。「プライバシー・エージェント」というデータ管理の専門家が現れ、個人のデータ管理と同時に、データアクセスの許可を企業に与えて利益を得るといった仕事も生まれると同書は予想している。

自分の個人データを自分でいかにコントロールしていくかが、これからの時代に問われることになるだろう。

1-7

エストニアで見つけた未来

テクノロジーを使いこなし、自由に生きる

日本のマイナンバー制度カード普及率はわずか1割程度

2015年秋に、国民1人1人の番号を記した重要な通知が各家庭に届いたことを覚えているだろうか。

エストニアの電子政府の説明をしてきたため、もうお気づきかもしれないが、これが日本のマイナンバー制度の始まりだった。

2015年に国民に12桁の番号を付与し、2016年から社会保障や税関連で利用が始まった。会社勤務の人ならば、番号の提出を促されたことを覚えているだろう。その通知を持ってマイナンバーカードを自治体に申請することで、エストニアのデジタルIDと似

た、マイナンバーカードを手に入れることができる。

マイナンバーには、エストニアと同様の電子証明書の機能が組み込まれている。そのため、行政サービスにおいて電子申請ができたり、コンビニエンスストアで公的な証明書の発行ができたりする。

政府運営のポータルサイト「マイナポータル」を通じ、確定申告や子育て支援制度の申請もできる。どの機関が情報をいつ使ったのかも把握でき、各種法整備も進んでいる。

そう書くと、「何だ、エストニアの電子政府と似たような仕組みが日本にもすでに導入されているのではないか」と思われるかもしれない。

確かに、日本はエストニアの電子政府の仕組みを研究しており、彼らの考え方を取り入れているようだ。しかしながら、どうもうまくいっていないように見える。

なぜなら、マイナンバーカードの普及率は、人口比で11・5％（総務省、２０１８年7月1日時点）にとどまっているからだ。

数にすると１４６７万枚であり、当初に目標としていた「２０１９年3月末で８７００万枚」にはほど遠い結果なのである。

それではなぜ、普及が進まないのだろうか。

まず、その理由に、エストニアのカード取得が「義務」であるのに対して、日本は「任意」ということがある。加えて手続きの煩雑さが敬遠されている。

次に「利便性がある」と実感できている人が、ほとんどいないことだろう。

確かに自治体でポイントを活用した振興策が練られたり、金融機関で預貯金口座と紐づけをしたりするなど、マイナンバー利用に向けた動きはある。だが、まだこれといって便利だと感じられない。

ここまでは多くの人が気づいているはずだ。行政や金融機関との連携などは、時間がたてばそれなりに利便性が高まることだろう。だが、本当に、これで国民が使うようになるのかは、かなり怪しい。

国民にとってのマイナンバーではなく国家のための「ユアナンバー」

あるエストニア政府元高官は「日本は『マイナンバー』ではなく『ユアナンバー』ではないか」と指摘する。

これはどういう意味かといえば、「政府が国民の情報をコントロールしたいがための制度であり、現状、国民にとって利便性のある制度になっていない。政府にとっての『マイナンバー』であり、国民にとっての『マイナンバー』になっていない」という指摘なのである。

この指摘には深い意味がある。

エストニアの電子政府の本質は、技術を核にして、透明性とセキュリティー、そして利便性を兼ね備え、まるで1つの民間インターネットサービスのように設計されている点にある。デジタルＩＤはそのサービスを使う1つのキーでしかない。そして、民間企業のように、利用者のテストをして声を反映して電子政府の改良を重ね、利便性と信頼度を高めていったのである。

そう考えると、日本の場合、問題は利便性だけではなく、私たち国民の側が「データを自分でコントロールしている」という実感を持てているかどうか、その点にもありそうだ。

なぜ文書改ざんは繰り返されるのか？
日本に必要な透明性と安全性

財務省幹部が起こした公文書改ざん問題。エストニアでその話をすると、驚くばかりかあきれた反応が返ってくる。重要公文書の改ざんという民主主義の根幹を揺るがす事態が、平気で起きたことに加えて、「どうして日本のような先進国が改ざんできる仕組みを残しているのか」と感じさせるからだ。

先に述べたように、エストニアは、行政の世界で「紙の書類」をなくした。閣議の電子化はすでに2000年に行われ、分厚い紙の資料を用いて議事を進めることがなくなった。電子署名を用いることで、大量の紙とサインによる決裁プロセスを省いた。

さらに、エックスロードやKSIブロックチェーン技術などによって、不正を検知する仕組みを設けている。それによって、文書改ざんが起きない、いや、起きてもすぐにわかるのだ。文書改ざんをした人物の特定に時間がかかることはない。それが制度に透明性を持たせ、政府への信頼度を上げたのである。

片や、日本で相次いで起きていることといえば、文書改ざんの他にも、マイナンバーカードの盗難や紛失、マイナンバー情報の誤送付といったことである。

個人情報保護委員会がまとめた、マイナンバー法違反または違反の恐れがある事案は2017年度に計374件に上った。2016年度の165件から倍増している。マイナンバーを含んだ書類の誤送付が多かったというが、横浜市鶴見区では交付前の78枚のカードが盗まれた事件も起きている。

なお、エストニアのデジタルＩＤと異なるのは、日本のマイナンバーカードには実住所が記載されていることだ。そのため、落としたり盗難にあったりすると、住所が特定されてしまう。「なぜ住所の記載を残したのか」と危惧するエストニアの専門家もいた。

そもそも紙ベースの申請書類を含めて、国民の個人情報がどのように使われているのかはよくわからないだろう。制度的に透明性を持てていないからだ。

マイナンバーカード交付時に、制度の透明性に関する説明までしている自治体はかなり少ないだろう。カードのメリットについても、せいぜい「印鑑証明書と住民票がコンビニで取れます」ぐらいだ。少なくとも筆者の住む東京都の自治体はそうであった。

仮に利便性をいくら高められたところで、セキュリティー面での信頼性を担保しない限り、政府の信頼度は上がらず、カードを使おうという気が起きないのではないか。

実際、ＰＲ会社エデルマンが世界28か国で調査している「自国に対する信頼度（トラストバロメーター）」で、日本は下から2番目の27位（２０１８年版）。7年連続で世界の下位クラスに位置している。

つまり、マイナンバーを普及するに当たっては、利便性を高める一方、政府の信頼を取り戻していかなければならない。

たとえば、行政が公文書をすべて電子化し、電子署名を用いて管理する。改ざんを検知するセキュリティー技術を取り入れて、行政全体の透明性を高める。不正な利用には厳罰を科すことにより制度本来の趣旨が、ようやく機能していく。マイナンバーが真にマイナンバーとなったとき、日本への効果は計り知れないだろう。

むしろ地方行政こそデジタル化を

第1章で見てきたように、電子政府そのものは、エストニアが小さいからできた部分もある。それを日本の政府レベルで真似ることは簡単ではないかもしれない。

元エストニア投資庁日本支局長の山口功作さんは「日本は安易にエストニアを目指すべきではないでしょう」と話す。

エストニアは人口減少の他に、タリンに全人口の3分の1が集まる、いわゆる都市の一極集中化が起きている。これは日本でも起きている現象で、日本よりも大きな課題となっている。

日本も人口減少に都市の一極集中化は避けられそうにない。その点、エストニアでは、地方対都市の格差をデジタル化で和らげてきたという一面がある。

山口さんは「『エストニアを真似して』ではなく、デジタルを活用して日本がどうありたいかを考えるべきなのです」と加える。これにはデジタルを活用することで、1人1人の生産性を向上するべきだという意味合いも含まれている。

この文脈で、筆者が注目しているのが地方である。日本の政府がエストニアを真似するというよりも、財政難にあえぐ地方が電子政府化する方が効率的で、そのインパクトは大きいのだ。プラネットウェイの事例からもわかるように、いま民間や自治体レベルにその技術や考え方が入り込もうとしている。

たとえば、石川県加賀市は、大阪のIT企業と組み、ブロックチェーン技術を生かした行政サービスの開発に乗り出している。両者は、2018年3月に包括連携協定を結んだ。また、茨城県つくば市は、ブロックチェーン技術を活用し、マイナンバーカードを利用したネット投票システムの開発を進めている。

改めて強調しておくと、エストニアが実現したのは単なる電子政府ではない。独立後、人もお金も資源もない中で、それまでにない発想をもってして、IT立国を実現したということだ。

つまり、国家をデジタル化することで、場所や金銭の制約を取り払ったのである。技術を生かし、情報と権力を集中するという「中央集権化」は行わず、情報を「分散化」させ、個人に情報コントロール権を与えるという逆転の発想でもって、国民をより豊かに、より自由にしたのである。

エストニアはわれわれに、テクノロジーを使いこなすことができれば、より自由な発想で「つまらなくない未来」を描けると教えてくれている。

それでは、われわれ日本に暮らす個々人が、エストニアの電子政府から学ぶことは何であろうか。つまらなくない未来を描くためのカギが見えてくる。

KEY

つまらなくない未来を描くためのカギ①

「主体性を持って生きる」マインドセット

ソ連による占領をへて、独立を果たしたエストニア。IT立国を果たすことで、お金と場所の壁を越えて、個々が自由を得る——。

電子政府の取材を通して感じるのは、自由への渇望を背景にした、自らの意志で自らの人生を決めていくというエストニア人の強い決意の表れである。ロシアという外圧の影響を差し引いても、ここに日本人が学ぶべきことは多いのではないか。

これは、個人がデータのコントロールを行う権利という話にも通じる。電子政府の上で、個人が国境を越えて自由に働くという話もそうだ。

現地を取材すると、エストニア人の律義さに気づくはずだ。エストニアを知る多くの日本人が「エストニア人は約束を守る。だから約束を破ってはいけない」と繰り返す。その一方、オープンな気質にもかかわらず、「他の人が何をしているかなんて知らない」と言う姿からは、どこかドライな印象を受けるときもあった。

いうなれば、嫌みのない個人主義といえるかもしれない。「言ったことには責任を持ち、自分は自分らしく生きる」。そんな国民性が垣間見えたのである。

「はじめに」の冒頭で、ケニアとエストニアを行き来しているというフリーランサーのタクシー運転手を紹介した。彼が述べた「電子政府によって生き方が自由になった」という意味がようやく理解できるのではないだろうか。電子政府が彼らの思い描く生き方を手助けしたのである。

われわれ日本人が第1章から学ぶべき大きなポイントは、タクシー運転手のように、テクノロジーを使いこなし、「主体性」を持って生きるマインドセットなのかもしれない。単に「エストニアを真似すればよい」という結論ではない。自分たちはどうありたいのかをエストニアは突きつけてくるのである。

第1章のみならず、今後登場するエストニア人からも、その様子は見てとれる。自由を勝ち取るため、主体性を持って、自らの人生を切り開いているのだ。

もしいま、ピンとこなくても、全編を通じて読んでいただけばその意味がわかるだろうから、いまは心にとどめていただきたい。

さて、このように電子政府化を実現したエストニアには「デジタルノマド」、もしくは「グローバルフリーランサー」と呼ばれるハイレベルな人材が世界中から集まりつつある。自由に憧れ、自由を求める「遊牧民（ノマド）」が小国に集まることで、社会に大きな変化をもたらしている。

第2章

なぜ世界中のトップ人材はいまエストニアを目指すのか?

―― 国民をデジタル化する。

2-1

4万人を超える〝仮想住民〟の誕生

25歳の日本人コンサルタントがエストニアへ移住した理由

タリン駅のそばにあるテリスキヴィ地区。ここに、古い工場や建物をリフォームしてできた複合施設がある。レストランやカフェ、インテリアショップやファッションストアがあり、休日になればフリーマーケットやイベントが開催され、若者でにぎわう場所だ。

建物の壁にはスプレーアートが施され、アーティストに出会うこともある。日本でいえば、おそらく代官山だろう。オシャレな雰囲気が漂う地域で、スタートアップが集積しはじめている。そこで偶然、日本人の若者に出会った。

齋藤アレックス剛太さんという25歳の青年だ。

アレックスは、日系米国人の家系に生まれたが、東京生まれの東京育ち。慶應義塾大学卒業後、大手外資系コンサルティング会社に入り、ロボットによる業務自動化を行う「ロボティック・プロセス・オートメーション（RPA）」領域のコンサルタントとして働いていた。だが、その仕事をやめ、3か月ほどの滞在をするために、エストニアに来たのだという。なぜか。

アレックスは「話題となっているエストニアのテクノロジーやスタートアップ企業のエコシステムを現地で見てみたかったのです」とその理由を語る。

もともと世界周遊が好きで、学生時代を中心に世界40か国を旅していた。エストニアは41か国目だというが、これまでの旅とは違う目標があった。

「単なる旅行は十分してきました。これからは季候がよいところに身を置いて働きたいのです」

ただし、自由に使えるお金があるわけではなかった。そこでアレックスは、エストニアに渡航、滞在する費用を捻出するために、クラウドファンディングサイト「キャンプファイヤー（CAMPFIRE）」で資金調達を行った。

「〝電子国家〟エストニアに3か月滞在して最新情報を発信したい！」と掲げ、目標の10万円に対して、約44万円の資金を集めた。資金提供者に対しての対価は、一言でいえば「エストニアの情報」である。

アレックスは、コンサルタントの職を捨てて、注目の集まるエストニアに単身乗り込み、エストニアでの情報を「担保」に、自分でお金を集めて来たというわけだ。何より、「季候のよい場所で働きたい」という強い意思があった。

アレックスは、エストニアでの滞在後、日本に戻り日本の会社に就職することも考えていた。だが、7月下旬に日本で会うと、彼は様変わりしていた。

「悩みましたが、移住、起業、就職をほぼ同時に済ませてしまいました」

アレックスは、インターンをへて、エストニアで急成長中のオンライン本人確認サービス、ヴェリフ（Veriff）に正社員として入社することを決めた。しかも、同時並行でコンサルタントとしても独立し、6月にエストニアで起業を済ませたという。日本には長期滞在に向けたビザ取得のために一時帰国していた。

いずれも人生においての一大決心が必要そうだが、「大きな決断をしたというよりは、自然とそうなったという感覚です」。

どうしてだろうか。

「エストニアの人たちは、自由な環境で生き、物事を効率的に考え、挑戦を続けている、そのような印象があります。自立的に生きる彼らに囲まれていたから、僕もそうなっていったのだと思います」

エストニアの環境に入ると、このような感覚になるようだ。とはいえ、エストニアの冬は寒い。アレックスにとってはきついのではないか。

2018年7月に東京・表参道で再会したときは一段と雰囲気が変わっていた齋藤 アレックス 剛太さん

「ええ、リモートワークができないかと会社に話そうと思っています。将来的には、春、秋は日本、夏はエストニア、そして冬はまだ見つかっていませんが、季候のよいところで過ごしたいですね」と、アレックスは目を輝かせていた。

季候のよさで仕事や働く場所を選ぶ。一昔前なら、「かなり変わった人」で終わっていたかもしれないが、そのような働き方が選択肢の1つになりつつある。

実は、アレックスの背中を押したのが、エストニアが始めたある制度だった。

仮想住民を生む「イーレジデンシー」とは何か

「新しいデジタル社会において、ビジネスに国境はありません。国境という鎖から解き放ち、合法かつ透明性を持って、電子政府エストニアがグローバルに活躍する人に『自由』を与える制度、それが、イーレジデンシー（e-Residency）です」

２０１８年5月、都内で開かれた「日本・エストニア／ＥＵデジタルソサエティ推進協議会」主催のセミナー。起業家や投資家、会社員、自営業者たち約１００人を前に冒頭、ビデオをまじえてエストニアの新しい制度が紹介された。それがイーレジデンシーである。

イーレジデンシーとは、エストニアが２０１４年末からスタートしたもので、政府が外国人を「仮想住民」として認め、仮想居住権を与えるという画期的な制度である。

何が画期的かといえば、エストニアにいなくとも、その権利を取得することができ、エストニアの仮想住民になれることだ。

いま、世界のトップ人材がイーレジデンシーを次々と取得している。仮想住民には、日本の安倍晋三首相やマイクロソフト創業者のビル・ゲイツ、ローマ・カトリック教会のフランシスコ法王といった人たちが名を連ねている。

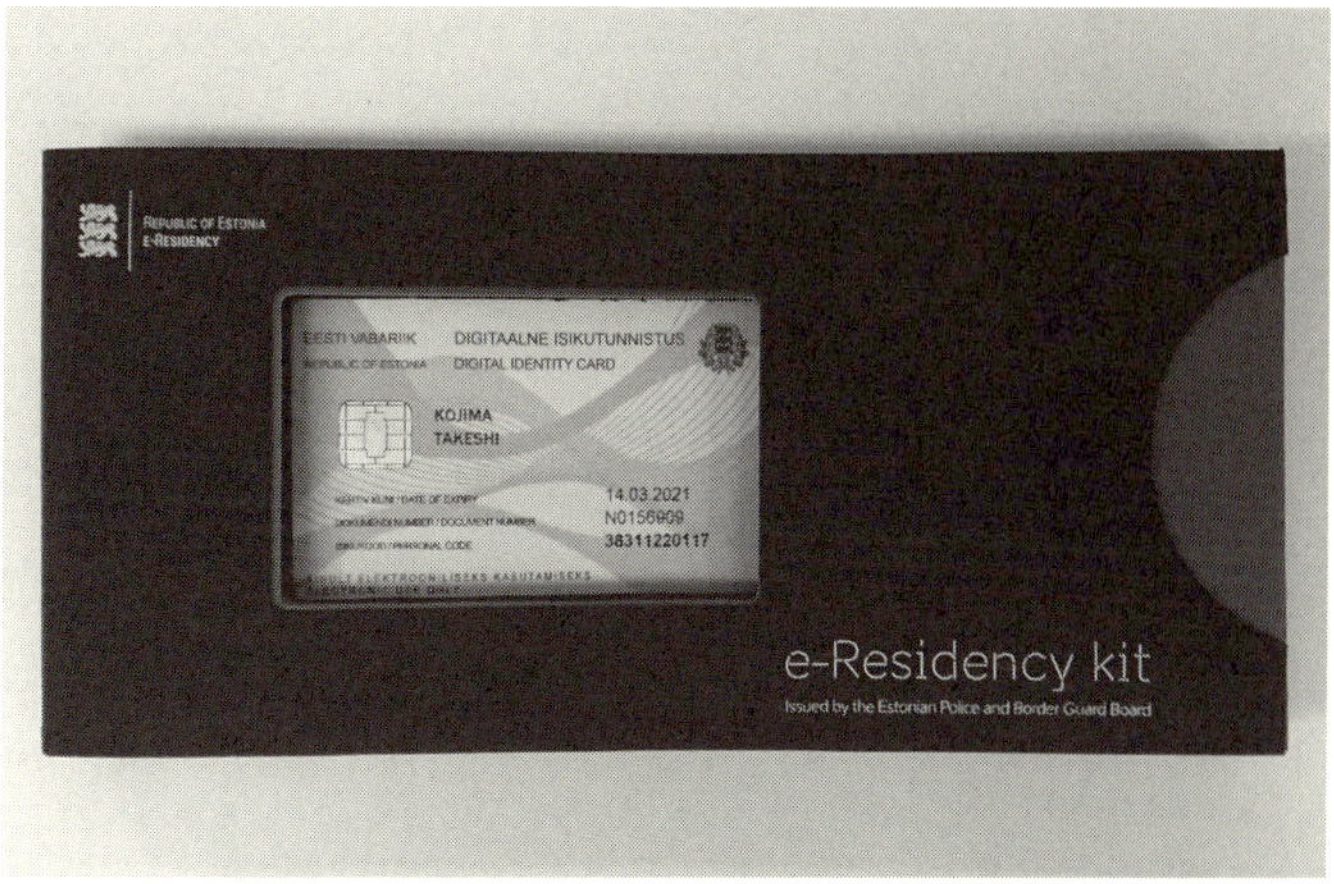

イーレジデンシーに登録して入手できるデジタルIDカード。筆者も入手した

仮想住民になると、どんなメリットがあるかといえば、それは大きく3つある。

まず、1つ目として、エストニアの電子政府を日本にいながらにして体験することができることだ。

イーレジデンシーの申請は、オンラインで専用サイトにアクセスし、パスポート画像の提出や必要事項を記載すればよい。その際、100ユーロ(約1万3000円)を支払えば、10分程度で申し込みができる。

通常1か月程度で、東京都渋谷区のエストニア大使館に呼ばれる。領事から説明を受け、指紋を電子的に記録することで、デジタルIDカードを受け取ることができる。

デジタルIDカードを専用のデバイスでPCに接続すれば、エストニアのポータルサイトに入り、電子政府を体験できる。

そして2つ目として、電子署名が使えるようになる。これがあることで契約書を結ぶ際に紙でのやりとりが必要ない。

3つ目として、オンラインで法人設立ができる。とりわけ、エストニアはEU加盟国であるため、エストニアで法人を設立すれば、5億人の市場に参入できる。日本にいながらにしてグローバル企業を運営することができるのだ。

実際にイーレジデンシーを取得したアレックスに話を聞くと、起業は約30分で済ませられたといい、特に雇用契約や不動産の賃貸契約を結ぶ際に電子署名が便利だったという。

セミナーでは、イーレジデンシーチーム・デピュティーディレクターのオット・バター(Ott Vatter)が登壇し、イーレジデンシーを取得して起業すると、税制面の優遇を受けられる点を強調していた。

「エストニアで試験的にビジネスを行うことは、非常に合理的です。法人設立には190ユーロ(約2万5000円)かかりますが、利益を分配するまで税金を支払う必要はありません。EU内では珍しい方です」(オット)

実際、エストニアの税制はシンプルなため、それが起業を促している側面がある。

法人に関していえば、原則として法人税は一律20%で、配当などの利益分配をしたときのみにかかる。他は、従業員給与の33%分に当たる社会税(社会保障+健康保険)、付加価値税20％（年間売上高1・6万ユーロ以下の事業者を除く）。資本金は最低2500ユーロ（約32万円）が必要になるが、資本金を積まずとも法人登録はできるという。

エストニアの税制は、国際的にも競争力があると言われている。米系シンクタンク、タックスファンデーションの「国際税制競争力指数」（2018年）によれば、OECD加盟35か国中、5年連続でトップの競争力がある（日本は26位）。

なお、エストニアと日本とは2017年に租税条約が署名され、二重課税を回避するといった仕組みも整いつつある。従って、起業したばかりの企業については税制上、有利になる。

イーレジデンシーに関する説明をするオット・バター

実際の法人設立には、リアルな住所が必要であったり、口座開設が必要であったりするが、それについても、オットは「ホリヴィ（Holvi）やペイオニア（Payoneer）といったサービスプロバイダーがいるから心配いりません」と強調する。

一般的な銀行口座の開設は、マネーロンダリング規制の観点から一度エストニアに行かなければならないが、一部のオンラインサービスでは口座開設まで行ってくれるのだ。

その簡単さも受けて、「制度を始めて3年半で、151か国から4万人を超える申請者が集まり、3500社を超える起業につながった」（オット）という。

日本からもすでに1600人以上がエストニアの仮想住民となっており、オットは「2021年までにはイーレジデンシーを通じた会社設立を2万社にまで広げたい」と意気込む。ただし、イーレジデンシーは移住可能なビザと同じものではないことや、エストニアの法人運営にはそれなりに日本にはない手続きがあることも付け加えておこう。

それではなぜ、エストニアはこの制度を考えたのだろうか。

仮想化こそが人口減少社会の切り札に

エストニアは、米国や新興国とは異なり、日本と同じように少子高齢化の時代を迎えている。

図表2-1｜エストニアの人口と高齢化率の推移

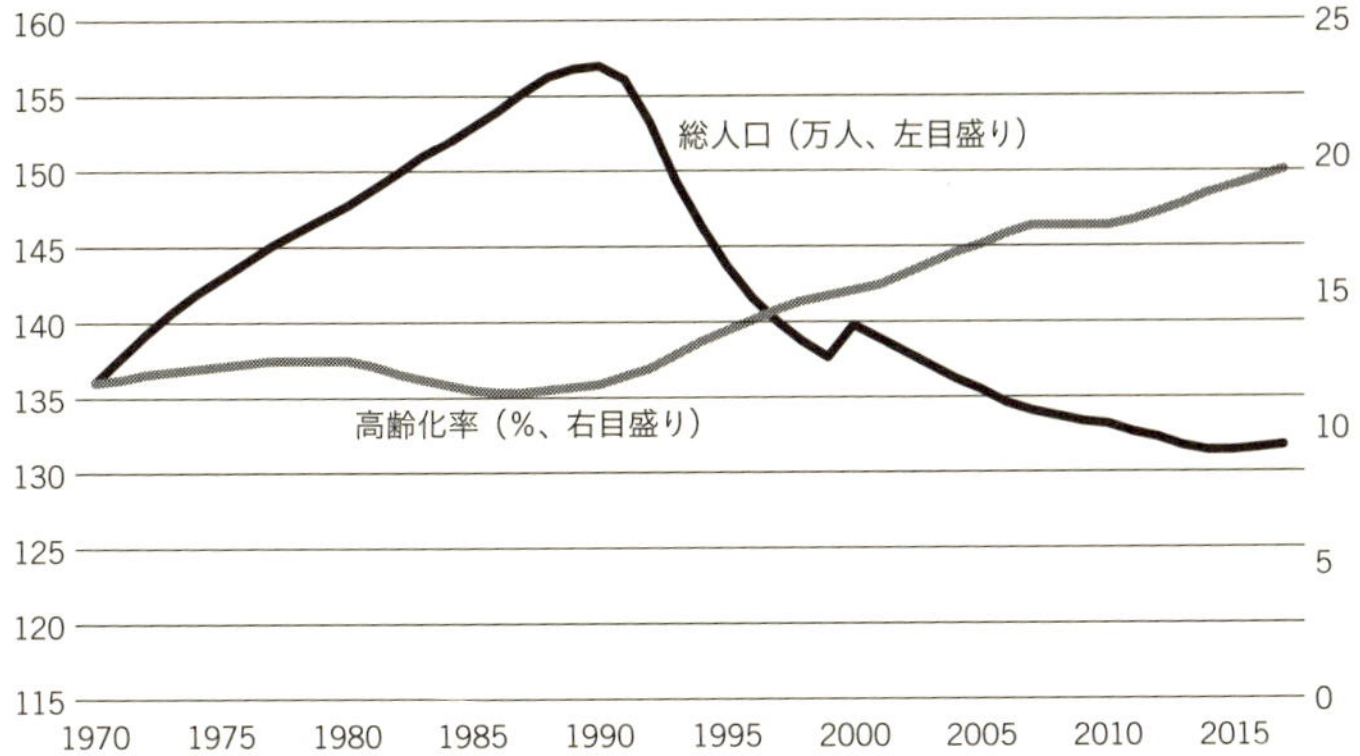

＊エストニア統計データベース（http://andmebaas.stat.ee/Index.aspx）を基に筆者作成

人口は、1990年の156・9万人をピークに減少しつづけ、2017年1月現在131・7万人だ（図表2-1）。

65歳以上の高齢者の割合を示す「高齢化率」が年々上がりつづけ、2017年に19・5％に達した。若年女性が何人の子どもを産むかを表す「合計特殊出生率」も、1990年の2・05から1・59の水準に下がっている。

国連の推計によれば、エストニアは2040年までに120万人にまで人口が減少することが予測されている。ピーク時の1990年に比べて23・5％減少する見込みだ。これは日本も同様で、ピーク時より20％近く減少する。世界では今後、人口が増えていくにもかかわらず、である。

両国は今後、少子高齢化も進み、将来の経済力を占う上で重要な人口ピラミッドの構造は、成長時の山型から低成長を意味するつぼ型へと変化した。日本はここからさらに、過去にない「ろくろ型」社会へと突入する（図表2-2）。

オットは「日本と同じでエストニアも少子高齢化の問題を抱えています。人口130万人あまりの小さな国だから、若者は可能性を求めて海外に出てしまいます」と話す。確かに、これは日本の地方都市の課題と似ている。

日本とエストニアが違うのは、第1章で述べたように、電子身分証明書であるデジタルIDカードと電子政府のシステムがある点、そしてEU加盟国であるということだ。そこで、「われわれの持っているオンラインプラットフォームを自国民だけでなく、すべての人に使えるように開放すればいいと考えました。デジタルIDを発行するインフラを持っているので、新しい仕組みを一から作る必要もなかったのです」（オット）。

ただし、彼らは税率を低くして外資にペーパーカンパニーの設立を促す「租税回避地（タックスヘイブン）」を目指しているわけではない。それについては、エストニア政府関係者が明確に否定する。

エストニアが狙うのは、ITを利用した産業の育成であり、国境を越えて活躍する「頭脳」を集めることだ。エストニアでIT人材が不足していることもあって、世界中で活躍

図表2-2｜人口ピラミッドの将来予測

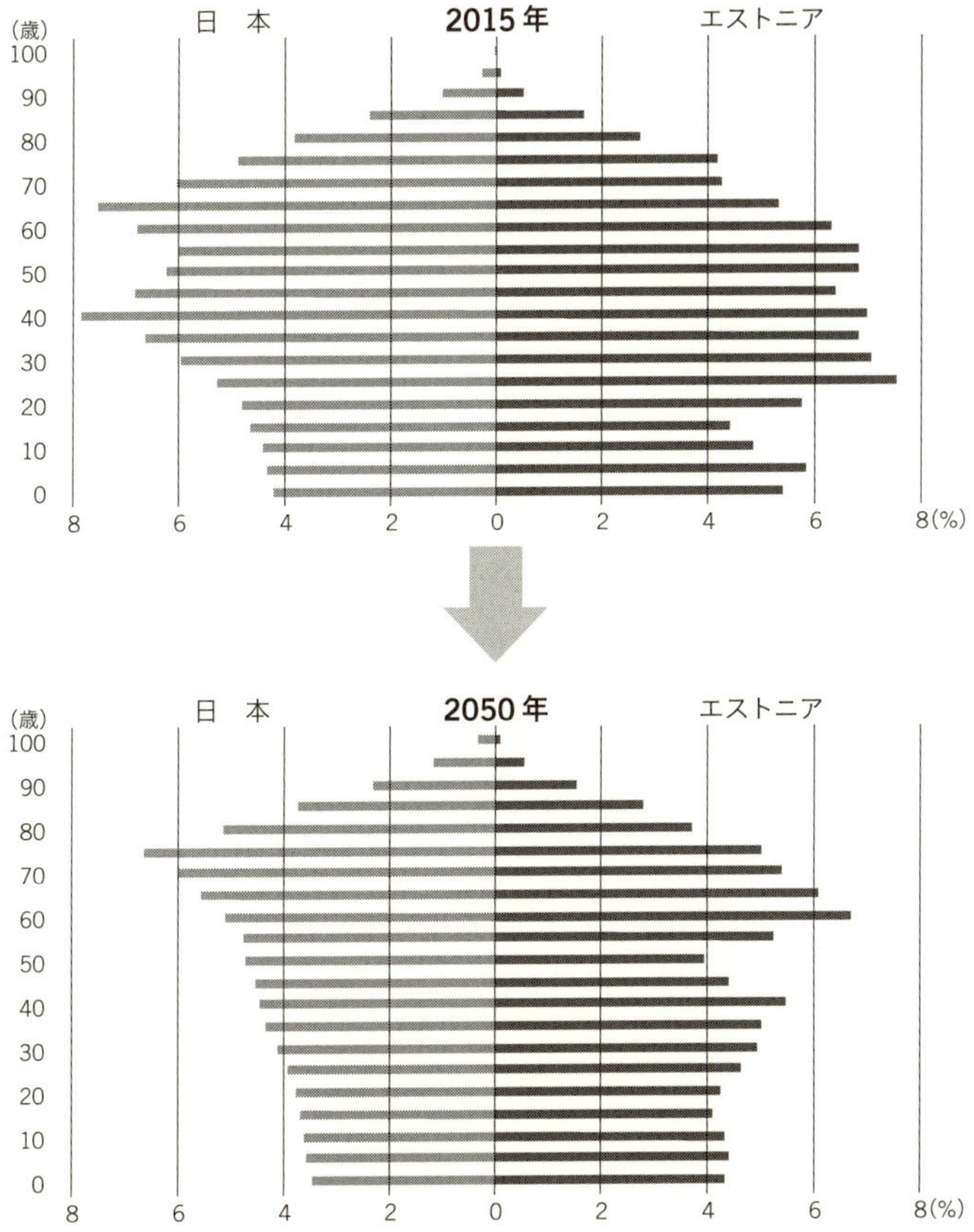

＊『国際連合世界人口予測 1960→2060 2017年改訂版』（原書房）を基に筆者作成。値は中位予測

する高度なＩＴ人材、とりわけ「デジタルノマド」とも言われる人々をターゲットにしている。

デジタルノマドとは、ＩＴを利用することによって、家や職場に縛られずとも働くライフスタイルを送る人々を指し、インターネットが普及しはじめた１９９７年頃から使われはじめた言葉である。

日本でもオフィスを持たずにノートパソコンを抱えて、カフェやコワーキングスペースといったＷｉ‐Ｆｉ環境のある場所で仕事をする「ノマドワーカー」が増えている。デジタルノマドの場合は、はっきりとした定義はないものの、国境をまたいで働いているような人々を指すようだ。

たとえば、世界の都市を自由に飛び回って働くＩＴエンジニアやデザイナー、コンサルタント、法律家、投資家、編集者などがそれに当たると考えてよい。

少人数のチームで画期的なサービスを生もうとする起業家たちを含めて使うこともある。国境を越えてフリーランサーとして活躍しているという意味では、もう少し広い意味で「グローバルフリーランサー」と呼んでもいいだろう。

2-2 世界のトップ人材を呼び込む「秘策」

1億人のグローバルフリーランサーを狙い 1年間有効の新ビザを作る

2020年までにグローバルフリーランサーは1億人規模に達する――。

エストニアのイーレジデンシーチームが示した資料には推計値としてそう記載されている。グローバルフリーランサーという存在自体がまだ目新しいものではあるが、果たしてそこまでいるのだろうか。市場規模を調べてみることにしてみよう。

米国のフリーランサーは2017年に5730万人いるという調査[1]がある。フリーランサーの経済市場は、前年より30％伸びて1・4兆ドル（約154兆円）に成長したといい、これは米国の労働力人口に対して36％に当たる規模だ。

一方で日本においても、1119万人のフリーランサーがいると推計されている。[2]副業・

（1）Upwork, "FREELANCING IN AMERICA: 2017"
（2）ランサーズ『フリーランス実態調査 2018年版』

兼業を含む広義のフリーランサーは、労働力人口に対して17％を占めるという。つまり、日米だけで約6850万人のフリーランサーがいそうである。

さらに、170か国のフリーランサー2万1000人に行った調査[3]からは、世界の人口分布が見てとれる。この調査からは、ヨーロッパが35％、アジアが28％、ラテンアメリカ（メキシコ、中南米）が21％で、アフリカが10％を占めている。北米に至ってはわずか4％に過ぎない。

おおざっぱではあるが、仮に北米で5000万人のフリーランサーがいるとして、この比率から割り戻せば、世界に少なくとも10億人規模のフリーランサーがいる可能性がある。であれば、1億人以上が国境をまたいで活動していると言われても無理な数字ではない。

国連によると、2017年の調査[4]で、約2億5800万人の移民がいるという。やむにやまれぬ事情があったとしても、母国を離れて暮らす人々がそれだけいるということだ。しかも、2000年の約1億7300万人に比べて50％近くも増えている。

技術の進歩によって、移動がより簡単になった。シェアリングエコノミーの発達で生活コストが下がっている。コミュニケーションも手軽にとれるようになり、世界中どこにいても仕事を受けることのできるオンラインプラットフォームが拡大している。移住のハードルがどんどん下がっているのだ。

このように見ても、数億人規模のグローバルフリーランサー、またはその予備軍がいてもおかしくはないだろう。エストニアはこうした人材を取り込んで、国を活性化させようと考えているのだ。

国だけでなく、民間企業もそのグローバルフリーランサーの支援に乗り出している。ユニークなのは、エストニアの電子政府やイーレジデンシーを生かして、新しいスタートアップやサービスが生まれていることにある。

その1つが、エストニアの求人サイトサービスを展開するジョバティカル（Jobbatical）である。

「デジタルノマドビザ」で拓ける旅をしながら働くという可能性

米ニューヨークのセントラルパーク、タイ・バンコクの巨大な合歓木《ねむのき》、スウェーデン・ストックホルムの夜景……ジョバティカルのサイトに入ると、世界の有名都市にまつわる

（3）Payoneer, "The Payoneer Freelancer Income Survey 2018"
（4）国連のデータベースから参照できる。"Workbook: UN_MigrantStockByOriginAndDestination_2017"

画像が100以上もずらりと並ぶ。

一見、旅行サイトと見間違えてしまうが、そうではない。これはれっきとした職種別に並んだ求人サイトなのである。いつかしてみたい旅と仕事とを同時に想起させるつくりで、見た人をその気にさせているのだ。

通常、求人サイトとは各国、独自に進化しているものだ。日本なら「リクナビ」や「マイナビ」といったものが浮かぶであろう。もし外国人が日本の求人募集に応募しようとしても、語学の壁や煩雑な手続きに悩まされるはずだ。雇用する企業側も同様で、外国籍の人材を受け入れるとなると、煩雑な手続きが待っている。海外で仕事をするのは、雇用する側にとってもされる側にとっても大きなハードルになっていた。

ジョバティカルは、エストニアの国の制度を利用して、その壁を越えようとしている。たとえば、求職者がイーレジデンシーに登録して仮想住民になり、求人に応募するとしよう。すると、エストニアの電子政府サービスを利用することができるため、雇用契約などが簡単に結べるようになる。

しかも、単なる求人サイトにとどまらない。ジョバティカルは政府と組んで「デジタルノマドビザ（査証）」の構想を掲げている。

2019年にもスタートするというこの制度は、エストニアがグローバルフリーランサーに対して365日の居住の許可を与えるものだ。

このビザを取得すれば、EU内のビザを個別に申請しなくても、90日以内は住めるという権利（シェンゲンビザ）が取得できる。エストニアを拠点に、1年間、合法的に欧州で旅をしながら仕事ができるようになるのだ。

この制度を持ち掛けたジョバティカルの創業者、カロリ・ヒンドリクス（Karoli Hindriks）CEOは「デジタルノマドビザ制度が始まれば、それぞれ独立した場所にいる人材が1つのグループとなり、1つの会社で働くことができる。世界中のフリーランサーにまったく新しい働き方を示すことになるわ。それを初めて国家が認めるのよ」と話す。

ジョブ（仕事）＋サバティカル（長期休暇）が社名となったように、働きながら休暇を楽しむ「旅して働く」という新しい働き方を提案しているのだ。日本人の場合はビザなしで行ける国も多いが、世界的に見るとそのような国はごくわずかである。

カロリは「国連職員が持っているような新しいパスポートを皆が持てればいいと考えているの」と話す。

国連専用のパスポートを持てば、世界中で外交官に準じた扱いを受けることができる。それと似たプラットフォームを、イーレジデンシー、そしてデジタルノマドビザという制度、ジョバティカルなどの力によって実現するというのだ。

仮想通貨エストコイン導入も検討
仮想住民が使えるサービスが次々誕生

ジョバティカルだけでない。エストニア発のさまざまなスタートアップがグローバルフリーランサー向けの支援サービスを展開している。

たとえば、世界中を旅して働くとしても、都市ごとにどのような環境の違いがあるのかを知りたいだろう。それに対して、テレポート（Teleport）というサービスがある。これは生活費や医療の質、自然環境や交通条件など、２５０以上の都市の比較ができる。

ジョバティカルのサイトでもこれらの指標を見ることができる。仕事の賃金と生活に必要な費用を計算することで、賃金が低くとも、それ以上に生活コストが低ければ、使えるお金が増えるため、選択肢の幅が広がるわけだ。

さらに、ビジネスを行いたい人にとっては、リープイン（LeapIN）というオンラインサービスもある。これは、月額の利用料を払うことで、企業の設立や銀行口座の開設、会計や税、コンプライアンス面でのサポートをしてくれる。本章の冒頭で登場したアレックスもリープインを使って起業した。

もし、事業を拡大したいときに、会社の資金調達はどうすればいいのか。おそらく若い企業が伝統的な銀行からローンを得ることは難しい。

それに対しては、ファンダービーム（Funderbeam）がある。

ブロックチェーン技術を利用することで、資金調達をしたい会社が株式に似た性質を持つ「トークン」を発行し、資金を集めることができるようになった。トークンとは、一般に仮想通貨と交換できる一種の「引換券」で、株式のように会社のオーナーにはなれないが、譲渡できるものだ。

つまり、既存の証券取引市場を介さずとも、多数の投資家から資金を募れるのだ。これがIPO（Initial Public Offering、新規株式公開）をもじったICO（Initial Coin Offering）と言われる仕組みだ。ファンダービームはそのプラットフォームを先駆けて提供してきた。

仕事を探すジョバティィカル、住む場所を探すためのテレポート、会社運営のサポート役であるリープイン、資金調達するためのファンダービーム……こうした支援サービスがエストニアから続々と誕生しているのである（第3章、第4章にも関連内容）。

政府としても、イーレジデンシー取得者同士のコミュニティーをより強化していく狙いがある。フェイスブックのように、地域ごとのグループ向けサービスをつくり、彼らの交流を活発化していく見込みだ。先述のオットが登壇したセミナーでも、ライバルはフェイスブックやアリババといったインターネットカンパニーだと豪語していた。

仮想通貨「エストコイン」を発行するための準備も進んでいる。規制面のハードルが高

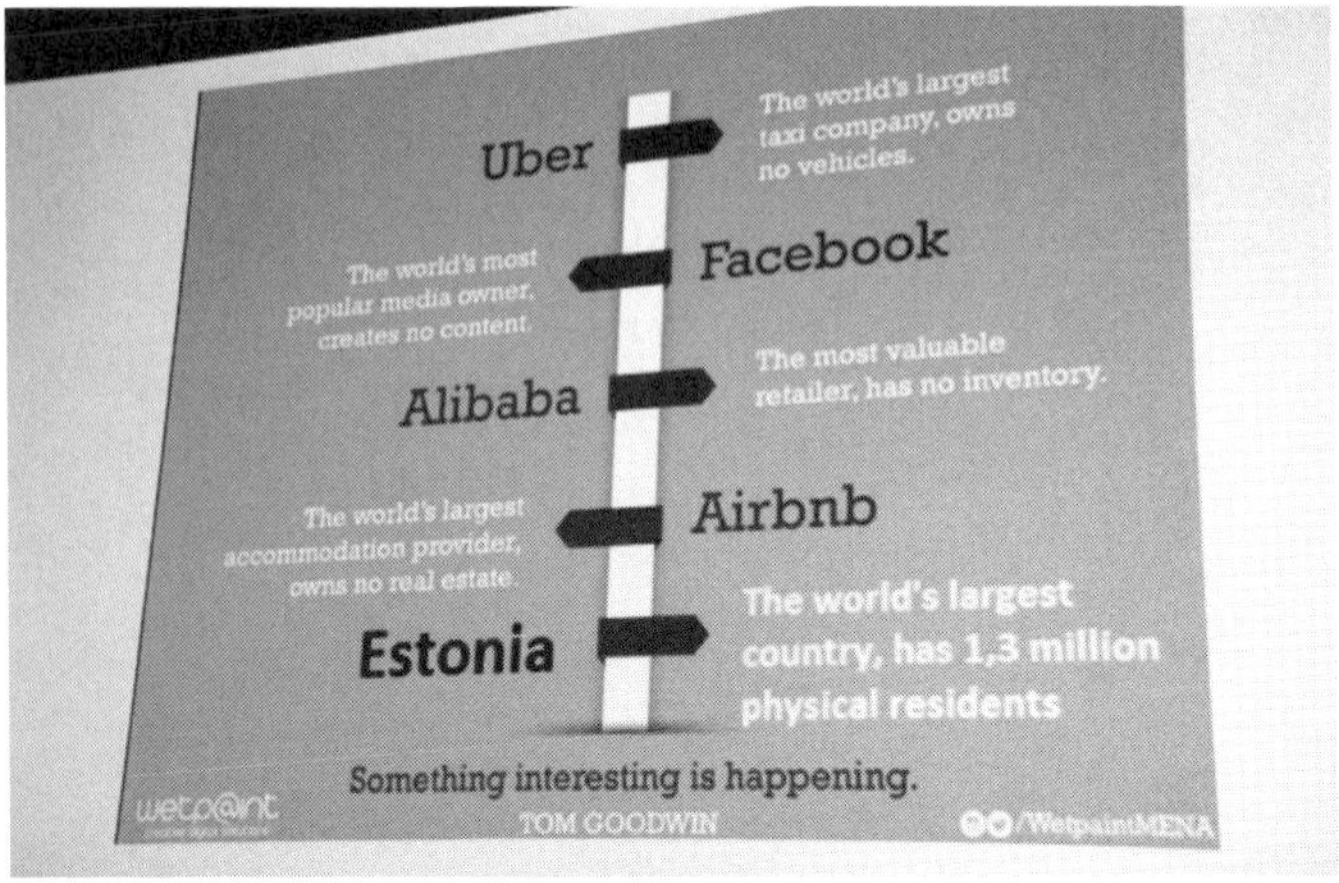

イーレジデンシーチームがスライドで示したライバルは、フェイスブックやウーバーだ

いので現時点で実現するかはわからないが、エストニア政府は諦めていない。これが実現すれば、イーレジデンシー取得者同士で、国が認めたエストコインによって為替手数料なしに、グローバルな経済取引ができるようになる。

つまり、イーレジデンシー取得者同士のネットワークに参加できること自体に今後、価値が出てくるのである。

もともとの案では、仮想住民を1000万人にまで広げるという野心的な目標があった。世界からトップ人材を集め、コミュニティーを作り、会社を生み、貨幣を提供し、経済を活性化させていく――。

小国エストニアは国民をデジタル化し、仮想国家を生み出し、国を大きくしている。

2-3 土地に縛られない生き方から見える可能性

安全保障面から見た仮想住民の秘めたる力

イーレジデンシー制度の生みの親であり起業家、そして電子政府のキーマンでもある前政府CIOのターヴィ・コトカのオフィスを訪ねた。

オフィスは、タリン郊外のフィンランド湾に面した場所にあった。その日は風もなく、オフィスから眺める海は、太陽の光が水面を反射し輝きを放っていた。

鳥の鳴き声や羽ばたく音が聞こえる以外は静まりかえっており、自然が豊かで穏やかなエストニアそのものを象徴していた。

しかしながら、そんな印象からはかけ離れた、エストニアが直面している重い問題を知ることになる。

イーレジデンシー制度が始まった理由について尋ねていると、ターヴィはおもむろに国と国との比較を始めた。

「たとえば、ある家電製品があったとしましょう。同じ製品で、同じ価格であれば、日本製と、中国製どちらを買いますか」

多くの人は「日本製」と答えるだろう。製品への信頼があるからだ。

「オーケー。では、ドイツ製と中国製であればどうですか」

同様に、ドイツ製に軍配が上がるのではないか。

「それでは、スロバキア製とスロベニア製だったらどうでしょうか」

ここで筆者のみならず、多くの人が答えに窮することになるだろう。国のイメージが湧かないからだ。

「おそらく両国の正確な場所すら想像できないのではないでしょうか。実はわれわれが意識したのもこの点です」

ドイツには品質、日本には世界に名だたる家電・自動車製品があり、デンマークにはデザインがある。では、エストニアなら何か。そこで「エストニアといえば電子政府」というブランドを築いていくことにした。

各種制度の前に「e」をつけ、エストニアは「電子〇〇制度」を展開しているという印象を世界に与えたのだ。イーレジデンシーも、イーガバメントもイースクールも、すべてそうだ。

元政府CIOを務めたターヴィ・コトカ。電子政府を語る上でのキーマンだ

つまり、イーレジデンシー制度は、電子政府のブランディング活動の一環でもあった。

「エストニアには、その頭文字を取った『イー（e）ミルク』という牛乳会社があるのですが、日本のビジネスマンに『連れていってもらいたい』と言われました。私は驚きましたよ。なぜなら、名前にeがついているだけで、普通の牛乳会社だったからです」と、ターヴィは笑みを浮かべる。それだけ「e○○」がブランディングとして成功したという逸話なのだ。

そんなジョークを述べていたターヴィも、話がクリミアに及ぶと、表情がこわばった。

人口約200万人のウクライナ領クリミアが2014年3月、突如としてロシアに編入された。クリミアは、ウクライナ南部にあり、欧州とアジアに挟まれた黒海に突き出す半島だ。ロシアの天然ガスの供給ルートとしても重要な地域。前月の2月に政変が起きると、ロシア人住民が多数を占めていたことを利用し、ロシアが介入したのである。

これはエストニア人に大きな衝撃を与えた。

「人口4000万人のウクライナが国際的な影響力を持てなかったのに、なぜわれわれがそれを持てると考えられるのでしょうか」（ターヴィ）

もともとエストニアは男性に徴兵制を敷き、NATOへの加盟を果たし、欧米諸国と同盟関係も結んできた。だが、ウクライナですら、ロシアの勢力を防ぐことができなかった。ロシアと隣接する人口約130万人のエストニアがいつロシアから攻め込まれてもおかしくないという危機感が増しているのだ。

有事の際は、国際的な世論をどう味方につけるかが重要だと考えていた。その意味において、実は「仮想住民」がエストニアのソフトパワーになる。安全保障上において、対ロシアへの抑止力になるという考え方があったのだ。

データさえ守れれば怖くない
領土すら捨てる覚悟のノマド戦略

そういったロシアの外圧もあって、エストニアの人々の中には「もはや領土に縛られて暮らす必要がない」という考え方が若者を中心に浸透している。

歴史を紐解くと、エストニアという国は、ロシアの西端であるサンクトペテルブルクから、バルト海沿岸の欧州の各都市を結ぶ、港の要所として繁栄してきた。だが、その便利な立地が災いして、1050年に最初の要塞都市として誕生してから、デンマーク（ハンザ同盟）、ドイツ騎士団、スウェーデン、ロシア（旧ソ連）、ナチスドイツ……と、大国が競ってその土地を奪い合ってきた歴史がある。

2018年に建国100周年を迎えたエストニアだが、その大半が占領の歴史であったのだ。

もし国が攻め込まれて、占領されたらどうするか。日本人には考えにくいテーマであるが、エストニア人はこの問いを突きつけられてきた。

そこで出した答えの1つが、「領土が奪われて、国民が散り散りになったとしても、国民・国家のデータさえあれば再建できる」という考え方である。

古いパソコンやスマートフォンなどの端末から新しい端末にするときを思い浮かべていただきたい。古い端末のデータやソフトウエアをクラウド上にアップして、新しい端末にインストールすることになるだろう。

エストニアは、これを国レベルで考えている。占領されても新たな国で、それまでのデータやシステムを「再インストール」すればいい、と割り切っている節がある。

実際、それを裏付けるかのように、エストニアには「データ大使館」という戦略がある。これは、エストニア以外の国に、国家の重要なデータのバックアップを取っておくというものだ。サイバー攻撃や実際の侵攻に備えて、他国にデータを逃がしておく。

２０１７年にエストニアは、ＮＡＴＯ同盟国でもあるルクセンブルクのデータセンターを向こう5年間、２２０万ユーロ（約3億円）で借りることで合意し、２０１８年に国会で議決している。貴重な国家のデータすら海外に預けておこうというのだ。

ターヴィは「仮に占領されたとしても、われわれの持つ考え方や価値観、アイデアまでを支配することはできません」と述べる。

よくエストニア人が「われわれと似ている」と例に出すのは、ユダヤ民族だ。

同じ思想や民族性を共有しながらも、イスラエルの建国までは世界で点在して過ごしていた流浪の民。エストニア人も、まさにイスラエル人のような「遊牧民（ノマド）」の感覚を持ち合わせている。

ただ、現代ではテクノロジーを使えば、国境の壁を越えてつながることができる。
「同じ思想信条を持つ人々がつながることはいまの時代、とても簡単です。人の考えまでは縛ることができないのです」（ターヴィ）
それもあって、エストニアはグローバルフリーランサーによる国づくりという発想に抵抗感がないのである。
土地に縛られず、領土すら捨てる覚悟の「ノマド戦略」がここにあった。

2-4

エストニアで見つけた未来

グローバルフリーランサーという新しい働き方に目覚める

旅して働くグローバルフリーランサーに聞いたエストニアの5つの魅力

グローバルフリーランサーから見た場合、エストニアの何が魅力なのか。

そこで、この数年の間にエストニアに渡ったという、米国、インド、フランス出身の28~35歳の4人から話を聞くことができた。彼らはエストニアとは縁もゆかりもなかったもののの、ITや専門的な見識を持っており、ジョバティカルを通じてエストニアのスタートアップや政府での仕事を得て、移住を果たした人々だ。

エストニアの魅力をまとめると5つのポイントが浮かび上がる。

①デジタル社会

米国ミネソタ州出身で、米国のほぼ全土を旅してきたというビョーン・ラパッコ（Björn Lapakko）は、移住する前、エストニアにテクノロジー都市という印象を抱いていたという。

「エストニアで国民ＩＤ番号とカードを取得したときは、警察・国境警備隊に出向き、２ページ程度の書類を書いたり、写真を撮ったりしておしまい。〝永遠に〟並ばなければいけない米国に比べて本当に楽だった。税金の処理も覚えていないぐらい簡単だったんだよ！」

興奮気味にビョーンが言う通り、エストニア電子政府はグローバルフリーランサーにとっても快適なようだ。電子署名でことが運ぶというのもそうだ。デジタル社会の利便性がグローバルフリーランサーを引きつけている。ここに異論を挟む人はいなかった。

②自然の豊かさ

エストニアは、首都タリンであっても、旧市街地を出れば、公園が広がり、森林や湖、海や湿地帯へも簡単に出られる。子どもが１人で学校に通えるほど治安もよく、のどかな国である。旧市街地にゴミは落ちていない。そのため彼らからは「美しい国」だと評されており、都会にはない自然の豊かさに引かれて移住する者も少なくない。

最も寒さの厳しい２月の日中気温はマイナス５度前後、夏場は20度前後である。日本の北海道の気候と似ているかもしれない。

ただし、冬場の寒さと暗さを苦手だと感じる人もいた。「はじめに」冒頭で紹介したタクシー運転手も、冬はケニアに行くと言っていた通り、エストニア人であっても厳しいと感じる人はいるようだ。

③オープンマインド

米国カリフォルニア州出身のローレン・プロクター（Lauren Proctor）は、ツイッター（Twitter）に買収されたというスタートアップに関わっていた。だが、10年間のニューヨーク生活で「燃え尽きてしまった」のだという。そこで旅に出て、たどり着いたのがエストニアであった。ビジネスの最前線にいた彼女がエストニアに感じたのは「人々のマインドがオープンで、勇敢である点」だった。

「エストニアの人は、外国人の私たちに対して『あなたたちが誰で何をしてきたのかは知りませんが、どうぞエストニアの社会を変えてください』という考えがあるのよ。本当に素晴らしい態度だわ」（ローレン）という。

フランス出身のアルノー・カステグニット（Arnaud Castaignet）もこれに同意する。「僕はね、フランスの中央政府で働いて政治家たちとも関わっていたんだけどさ、やはりプロフェッショナルの文化が浸透していると思うよ」と言う。

アルノーは「エストニアは年齢や見た目で物事を判断しない。フランスと比べても、政治家や政府要人とは直接的に話ができるんだ。これがとても効率的なんだよね」と述べる。

この点は、筆者も感じたことである。基本的にオープンであり親切であり、それでいて仕事に対してプロ意識が高い。日本人の気質とは合うように感じた。

当時26歳の日本人建築家、田根剛さんのチームがエストニア国立博物館の国際コンペで優勝し、実際に採用されたのも、こうしたビジネス文化が表れているのではないだろうか。

④ワークライフバランス

電子政府は人生を効率化するインフラだ。同様にビジネスを効率的に行おうとするエストニアには、無駄を生まないように努力する姿勢がある。その分を家族との時間にあてている。

「フランスに比べても、エストニアの人は、家族との時間をとても大事にしているんだ」(アルノー)という。

実際、取材を申し込んだイーレジデンシーチームのトップの男性は育児休暇を取っていた。そのトップは、イーレジデンシーチームという政府の重要部署にもかかわらず、4か月近く休職していたのだ。だが、それも自然なことなのである。

エストニアは出産・育休において、18か月余り休暇中の給料を補償してくれる制度がある。そのため、安心して子どもを育てられる。北欧の文化の影響を受けており、特にワークライフバランスは重視されている。

その反面、ローレンからは「米国で働いていたせいか、企業も政府もかなりゆったりしているわね」という声も。ただ、それに対してインド出身のパラム・ハリソン(Paramanantham Harrison)は、「これがいいんですよ。インドは毎日が慌ただしく、何をするにしても急かされていましたから。3か月や6か月ごとに財務的リスクに見舞われたことを思えば、いまはとてもリラックスして仕事に打ち込めます」と話す。

⑤多様性

いま、エストニアはスタートアップを中心に多様性を重視した環境が整えられている。それもそのはずで、その理由の1つは国内のIT関連人材が足りていないこと、もう1つはサービスが当初から英語を軸としていることだ。イーレジデンシーの取り組みからも、それはうかがえる。

先のジョバティカルを挙げれば、取材当時、従業員42人の出身国は、19か国を数えていたほどである。ラパッコは「本当にたくさんの文化を持つ人たちと出会えたんだ。会社も海外の人材を積極的に招くしね。本当に心地がいいんだ」と話す。

エストニアで出会ったグローバルフリーランサーたち。（写真上）米国出身のビョーン・ラパッコ。（写真下。左から）米国出身のローレン・プロクター、インド出身のパラム・ハリソン、フランス出身のアルノー・カステグニット

これは、すべてのエストニアの企業を指すわけではないが、グローバルフリーランサーたちが活躍する場所では浸透している。

ここに日本が参考にできることがありそうだ。

世界のトップ人材を呼び込んで「働き方改革」を

副業の推進、残業ナシ、在宅勤務……いま日本では、「働き方改革」が進んでいる。働き方改革とは、長時間労働の働き方を見直したり、育児や介護と仕事を両立したりして、多様な働き方を目指す政府の方針である。

そもそも、働き方改革が必要な理由は何か。

理由が大きく3つあると考えれば、その1つが人口の減少である。特に働き手が一気に減ってしまうことだ。

15歳から64歳までの働き手の人口を「生産年齢人口」と呼ぶ。

国立社会保障・人口問題研究所によれば、2015年の生産年齢人口は7728万人いた。だが、これが2029年に7000万人を割ることが見込まれている(出生中位推計)。

わずか15年間で、埼玉県の人口規模に相当する、およそ700万人を超える働き手がいなくなる。現場の「人手不足」がより深刻化するのである。

もう1つが、生産性の問題だ。経済力とは「働き手の数×労働生産性」で決まる。そのため、働き手が減ることが目に見えているならば、労働生産性を高めなければ、自ずと衰退していく。

労働生産性は「労働による生産量／労働にかかった総時間」で表すことができる。厳密には、分子がGDP（購買力平価）で、分母が総労働時間（就業者×労働時間）。労働生産性を高めるには、ひとまず分母の労働時間を削っていこうという発想で、長時間労働の是正が行われているのだ。

3つ目の理由として、需要の抑制である。先の理由と関連するが、人口が減り、生産性が上がらなければ、企業や家計の所得が増えず、企業の投資や個人の消費が抑制されることにつながる。

ややまどろっこしくなったが、これらを実現するために、多様な働き方を推進することが必要だというのが政府の考え方なのである。内閣府の「年次経済財政報告」（2017年度）には、多様性が重要な理由を実証し、次のように記載している。

「長時間労働を前提とした働き方を改め、時間や場所を選択できる多様で柔軟な働き方を導入するとともに、客観的に説明が困難な処遇の格差を是正していく必要がある。正社員と非正社員間の処遇格差や長時間労働を是正し、企業や労働者の生産性向上へのインセンティブを高めていく必要がある」

だが、単なる残業禁止や副業解禁では「つまらない未来」ではないだろうか。

では、ここでエストニアのイーレジデンシーを参考にしたら、どのような解決策が見いだされるのであろうか。

まず、働き手について考えてみよう。エストニアでは、すでにイーレジデンシーの申請者が４万人を超えている。生産年齢人口の約85万人に対して４・７％に及ぶ規模であり、10％台へも数年で到達する勢いだ。

実は、その影響もあってか、２０１５年を底にして、２０１８年までの3年間、エストニアの人口は減少から増加に転じている。しかも、それは自然な人口減少を、20～30代の若者を中心とした移住者が補っているとあって、政府側も「エストニアが独立を回復して以来の最も重要な変化だ」と述べる[5]。

エストニアが得ている人材は、アレックスのようなグローバルフリーランサーや高度なＩＴ人材、または海外に出て戻ってきたエストニア人であるようだ。

日本は、生産年齢人口が約７７００万人いるので、仮に5％の仮想住民が誕生したとしたら、３８５万人の規模感となる。

単純な労働力と換算するわけにはいかないにしても、一部のグローバル人材をつかむことで、特にＩＴ系においてのイノベーションにつながる可能性はぐっと高まるだろう。

当然、彼らのようなグローバルフリーランサーをつかむのに、多様性やワークライフバランスは必要不可欠である。彼らは、他都市や企業の働き方と比較して、国を選ぶようになっているからだ。

すると、日本がグローバルフリーランサーを受け入れる時点で、長時間労働を是正し、いかに生産性を高めるかという発想にもなるだろう。

日本に住まない仮想住民であったとしても、彼らがいることで、海外投資を招いたり、観光を促したり、直接的な需要を喚起したりする起爆剤になるかもしれない。これはエストニアに日本人が相次いで視察に訪れたり、投資をしたりしていることからも想像がつく。

だがそうはいっても、「国の規模が違うのに、一概には真似できない」という声が出てきそうだ。確かに、日本という国家レベルとして取り組むには多くのハードルがあるかもしれない。では、自治体レベルではどうだろうか。

（5）『Quarterly Bulletin of Statistics Estonia』（2018年2月版）

「ローカルな心地よさを守る」イーレジデンシーが日本に合う理由

通常、人口減少に対して、自治体の考えそうなことといえば、産業振興による若者の獲得、外国人労働者の受け入れ、出生率対策などだろう。だが、多くの地方自治体においていずれも有効な手立てになっていない。

「よそ者は必要だが、地域に受け入れたくない」

衰退する地方自治体の取材を通じて、よく聞いたのがこの議論である。移住希望者がいたとしても、実際、受け入れる地域の住民たちが反対する。

「人口を増やしたいのに、何をそんなことを」と思うかもしれないが、空き家対策や移住促進をしている地方自治体において、これは「よくある話」である。こうした光景は、新聞記者として鳥取に住んでいた頃、筆者も実際に目の当たりにしてきた。

イーレジデンシーの考え方の先進的なところは、実はここにある。エストニアも同じ問題を抱えているからだ。

「エストニアは特に冬は厳しい寒さですし、実際に住んでもらう必要はないと思います」

元エストニア経済情報通信省のラウル・アリキヴィはこう語る。実際、エストニアの冬は暗くて寒いと皆、口をそろえて言う。

さらに、エストニアの人々も、見知らぬ人々が来て騒がしくなることへの不安があり、必ずしも移民が歓迎されるとは限らない。

その点、イーレジデンシーは実際に住む必要のない制度である。従って、「グローバルを目指しながら、一方でローカルな心地よさ（cosy）を守るという、両方を達成するためのアイデアだったのです」（ラウル）ということだ。

イーレジデンシー取得者の視点から見れば、自ずとエストニアに親近感が湧く。そのため、起業までしなくとも、エストニアの何かを買ったり、エストニア人が困っていたら誰かを紹介したりと、ある種のコミュニティー機能が働くのである。

このように、トップ人材を取り込もうとするところに、ヒントがあるのではないか。たとえば、「自治体レベルでグローバルフリーランサーを取り込む」と考えてみたらどうだろう。地方には、海外にはない自然豊かな環境と食、また海外よりも優れた通信インフラがあり、何より生活コストが安いというところがある。日本の環境が好きなグローバルフリーランサーを招くということも、決して無茶な発想ではない。

もちろん完全に真似するには、デジタルＩＤの導入や政府の電子化も必要にはなるだろう。だが何度も繰り返している通り、エストニアはわずか約１３０万人の国である。日本の自治体レベルで、彼らの発想を取り入れて新しいものを生み出すことはできるはずだ。

KEY

つまらなくない未来を描くためのカギ②
どこでも働ける新しい「働き方」を身につける

第2章で見てきたイーレジデンシーに関する取り組みからは、いま日本も直面している人口減少社会における新しい解決策が見えてくる。

労働力の確保というと、よく議題に上るのは、外国人労働者を受け入れるか否かといった二者択一の議論だ。だが、第三の選択肢として、緩やかに世界の優秀な人材を取り込むという、いままでにない視点から物事を見てもよいのではないか。

取材から浮かび上がるのは、マーケットが縮小する中でエストニア人自身もグローバルフリーランサーになろうという姿勢である。世界を旅しながら働く。そして、それを国家が応援するのだ。

たとえば、外国人を集め、1000万人規模のグローバルフリーランサーのコミュニティーを作ろうとしている。フェイスブック・グループのようなコミュニティーを形成し、仮想通貨で経済圏をつくれば、仮想国家でもさまざまなビジネスが行えるようになる。結果として、その利潤はエストニアに還元されるだろう。

つまり、エストニアは、国民をデジタル化することで、国境の壁を取り払ったのだ。自らの技術を外国人に解放することで、世界を転々とするグローバルフリーランサーを呼び込み、自らの国の経済成長や安全保障上のソフトパワーにつなげようとしているのである。

このようなプラットフォームができつつある中、仮にあなたの仕事が場所の制約を受けないようなホワイトカラーであれば、「グローバルフリーランサー」という選択肢も取りうるだろう。

この章から個人に向けての示唆があるとすれば、まさにグローバルフリーランサーという働き方があるということだ。

「いや、そんなことは無理だ。お金も仕事もないし……」

普通であればそう考えるかもしれない。だが、これまで見てきたように一部の金持ちだけの話ではない。

語学への不安があれば、海外から日本向けの仕事をしてもいいだろう。クラウドソーシングサービスも整っているし、賃金に応じて住む場所を決めてもいい。

仕事も通信環境とパソコンさえあれば、ほとんどできるのではないか。遠隔ビデオ会議をやるにもズーム（Zoom）やスカイプ（Skype）というサービスがすでに存在し、連絡をするにもスラック（Slack）といったオンラインチャットツールがあるのだ。

どこでも働けるという新しい働き方を身につけるタイミングではないだろうか。

イーレジデンシーが生まれたのは、ロシアという外圧も大きかったが、それ以上に彼らの突拍子もないアイデアを国として実行できたことが大きい。

それができるのも、国にスタートアップのように新しいアイデアを次々に試す姿勢があるからだ。裏を返せば、失敗を許容するということだ。

その背景には、大きな成功体験がある。

実は、エストニアがオンライン通話サービスであるスカイプを生んだ国とはあまり知られていない。次章は、エストニアのスタートアップと産業育成に迫っていこう。

第3章

なぜ130万人の国が
ユニコーン企業を
次々と輩出できるのか?

—— 産業をデジタル化する。

3-1

スカイプを生んだ国、スカイプが生んだエコシステム

国立博物館に展示された「英雄」のイス

タリンから南東におよそ200キロメートル離れたエストニア第2の都市タルトゥ。自然豊かな森林の道沿いを車で進んでいくと、草むらの中に銀色に輝く施設が目に飛び込んできた。全長355メートル、幅72メートルの細長い形状の施設。太陽の光が当たると表面全体のガラスが反射してまばゆい光を放っていた。

この不思議な外観の施設は、2016年に完成したばかりのエストニア国立博物館である。当時26歳の日本人建築家、田根剛さんのチームが建築コンペで優勝してデザインした国立博物館といえば、ご存じの方も多いかもしれない。

旧ソ連軍基地の滑走路跡地にできたというこの施設は、その滑走路を延長させて徐々に傾斜を上げて博物館の屋根へとつなぐという形状をしている。独特な構造をしているのは、

タルトゥの郊外、旧ソ連軍用滑走路の跡地にできたエストニア国立博物館

ソ連の占領時代の記憶も消さずに、未来につなげていくというコンセプトが込められているからだ。

その考え方を表すように、内部に入ると氷河期時代から現代まで、エストニアが経験したことがすべてわかるように展示物が直線上に並んでいる。歴史的に占領が繰り返された国でいかに自由を獲得してきたのか、そしてエストニア人のルーツとアイデンティティーとは何かがわかる、そんな博物館である。

ユニークなのは、展示物が「過去から現代」ではなく、「現代から過去へ」とさかのぼっていることだ。その展示の最初にあったのが、布地が破れてスポンジがむき出しになった黒色の「イス」だった。

なぜ、イスが展示されているのか。その答

えは座っていた人物にある。

このイスは、無料オンライン通話サービスを生んだスカイプ（Skype）のプログラムコードを書いていたエストニア人が座っていたもの。開発チームは「英雄」とも称えられている。実は、エストニアの現代史を語る上で、スカイプという存在は欠かせない歴史的な象徴だ。

スカイプとは、デンマーク人のヤヌス・フリス（Janus Friis）と、スウェーデン人のニクラス・ゼンストローム（Niklas Zennström）の2人が中心となり設立された会社だ。それではなぜ、エストニアが「スカイプ誕生の地」として国立博物館に刻まれているのだろうか。

スカイプ買収劇がエストニアの産業を変えた

もともと、スカイプの原点は、中央のサーバーを必要とせずに端末同士で通信を行うP2P（ピア・トゥ・ピア）の技術[1]にある。

通信会社に勤務していたヤヌスとニクラスは、その仕事を通じてP2Pの可能性に気づいていた。ファイル共有ソフト「カザー」（KaZaA）を開発し、2001年にソフトの配布を始めると、最初の年で数百万のダウンロードを集め、世界で一躍注目を浴びた。

一方、その当時といえば、著作権の問題でP2Pサービスが揺れていた。個人間で音楽データの共有を行うナップスター（Napster）が全米レコード協会から訴えられ、差し止められた。著作権問題はカザーにも及び、トラブルが頻発していた。

そこで、2人は2002年に会社の売却を決断。その代わりに、P2P技術で音声ファイルを交換する方法によって、無料音声通話サービスを始めることにしたのだ。

この頃、2人が目につけたのがエストニアのエンジニア陣であった。エストニアは数学教育のレベルが高く、エンジニアとしての素質が高い一方、欧州の他国に比べても安い賃金で人材を雇うことができた。

2003年には、ついに無料音声通話サービスの開発に成功する。実は、ここにエストニアのエンジニアチームが関わっていた。アーティー・ヘインラ（Ahti Heinla）とヤーン・タリン（Jaan Tallinn）、プリート・カセサル（Priit Kasesalu）、トイヴォ・アヌス（Toivo Annus）の4人のエストニア人が開発メンバーだったのだ。

スカイプは、インターネットを利用したユーザー同士の無料通話を実現し、あっという間に広がった。通話時に、通話する側も受ける側も登録が必要だったということから、利用者が倍々ゲームで増えていった。爆発的に利用者が増える一方、P2Pなのでサーバー

（1）P2Pやブロックチェーンの技術的な話は、補章「ブロックチェーン技術とは何か」を参照のこと。

コストを劇的に安くすることができ、新規ユーザーの獲得にも費用がかからなかった。
こうして、拡大していったスカイプはその後、無料のビデオ通話を実現し、会議や打ち合わせ、面談に友人同士の連絡など、世界中のコミュニケーションのあり方を根本から変えた。高額であった国際通話を実質無料にすることで、コミュニケーションにおける国境の壁を取り払ったのだ。

何より、驚くべきは、開発してからわずか2年後の2005年に、米イーベイ（eBay）が26億ドル（約2800億円）でスカイプを企業買収したことだ。2011年にスカイプは、マイクロソフトの傘下に入り、2016年までに月間3億人が利用する巨大なサービスになった。

初期の開発を支えた100人以上のエストニア人は、そのストックオプションによって、多額の資産を得た。その資金を元手に、スカイプ出身者たちは、数多くの企業を設立した。それがエストニアのIT産業の礎を築くことになる。

スカイプのエンジニアは、エストニアのIT立国の象徴的存在となり、エストニア人に誇りと勇気を与えた。特に若い人たちに「小さい国からも世界に通用するサービスを生み出すことができるんだ」と夢を与えた。それが博物館のイスに込められていた。

スカイプの出身者たちはいまなお、新しい事業に挑んでいる。

今回、創業メンバーの1人でエストニアにおいて「伝説の男（レジェンド）」と称えられる、アーティーに会うことができた。

スカイプ「レジェンド」の次の一手は無人宅配ロボ

ウィーン、ウィーン、ウィーン――。段ボール1箱分の大きさに白い車体、6つの車輪をつけたロボットが道路上を愛らしく進んでいく。そのスピードは人の歩く程度、時速約3キロメートルだ。そんな無人ロボットをタリン郊外で目撃した。

これは、米スターシップ・テクノロジーズ（Starship Technologies）の無人配達ロボットである。スカイプ創業者のヤヌスとアーティーが2014年に立ち上げた会社である。開発拠点をタリン郊外に設けているため、その周辺では、やや離れたところから人の見守る姿はあるものの、数多くのロボットを見かけることができる。

そのオフィスにいたのがアーティーだ。レジェンドと呼ばれる彼は一体どんな人なのか。そう身構えていた筆者の予想は、大きく裏切られることになる。

「ハイ！」と声をかけてきた長身の男性は、操縦用にゲーム機のコントローラーを持ち、スターシップの小型ロボットを動かしながら、応接室に入ってきた。彼は黒のスラックスに、黄色のポケモンTシャツの裾をその中に入れていた。筆者がレジェンドのTシャツを見ていると、「これかい？ 娘がポケモンを大好きでね」と、日本のゲームに影響を受けたと語りはじめた。ゲーム好きな、きさくな人物だったのだ。

１９９１年、エストニアが独立を果たしたとき、アーティーは18歳だったという。
「独立を取り戻した瞬間は、夢のような、救済されるような、幸福に満ちた気持ちだったよ。このとき、人々の価値観が大きく変わったんだ」

経済が劇的に変化しているときだった。「それまでは隣の人よりもがんばっても、同じ価値のものしか得られなかった」。それが資本主義の浸透で「力があれば稼げる」とアーティーのような若者が感じ取った。経済構造の転換によって、若者にとって一気にチャンスが広がったのだ。

親がコンピュータープログラマーであったというアーティーは、10歳のときからコーディングを始めていた。ゲームというゲームを楽しんでいた彼にとって、ゲーム開発は趣味の延長線上にあった。

エストニア独立の頃になると、高校の同級生であったというヤーンやプリートたちとゲ

スカイプ創業メンバーのレジェンドで、スターシップ・テクノロジーズ創業者でもあるアーティー・ヘインラ

ーム開発を始めた。「ブルームーンチーム」という7人のチームで、エストニアとしては初のゲーム開発会社の誕生だったという。

その活動がヤヌスとニクラスたちの目にとまった。当初は別サービスの開発に携わっていたが、やがてスカイプ開発へとつながっていった。

だが、イーベイが買収を果たすと、スカイプにも米国流の仕組みがどんどんと入るようになる。組織が大きくなるにつれて、創業メンバーは「他にもやりたいことがある」と次々に抜けていった。アーティーも、イーベイ買収から3年後にスカイプを去った。

その後、アーティーは創業メンバーとしばらく会うことはなかった。だが、あるときヤヌスがロボットの話を持ちかけたのだという。

アーティーも趣味でロボットの開発を行ううちに、どんどん関心が募り、やがてはＮＡＳＡ（米航空宇宙局）主催の「１００年間の挑戦（Centennial Challenges）」に参加。ロボットコンテストに出るために開発チームを作ったことがきっかけでスターシップの創業に至ったのである。

目指すはスカイプ超え1兆ドルのアイデアをどう育むか？

世界的なサービスを開発したアーティーは、なぜロボットの分野で再びスタートアップを始めたのか。

「やっぱり、スカイプがあったからだよね。多くのスタートアップは1兆ドル（約１１０兆円）を超えるビジネスアイデアを狙おうなんて思わない。でも僕はね、やるからにはスカイプを超える企業にしたいと思ったんだ」

スカイプよりも世界にインパクトを与えたい。世界的規模の課題はどこにあるのか。そこで彼らが目をつけたのが、物流の「ラストワンマイル問題」だった。

この問題は、最後の物流拠点から顧客に荷物が届く段階で最も人手がかかり、生産性が

スターシップ・テクノロジーズの開発した小型無人宅配ロボ。タリン郊外で試験走行しているところ

低いという課題である。日本でも宅配便の人手不足問題をよく聞くが、世界でも解決できていない問題だ。そのラストワンマイルを小型ロボットが担えばいいと彼らは考えた。

ロボットは、長さ67センチメートル、高さ55センチメートル、幅57センチメートルという小型サイズだ。かわいらしい形にしたのも、万が一、人にぶつかっても大丈夫なようにと設計したからだという。

もしこれがドローンであれば、墜落したときにケガ人を生むかもしれない。自動運転の車であれば、意図せず人をはねてしまうかもしれない。小型ロボットならば人にケガさせる心配はないと安全性に配慮した。産業用ロボットや農業用ロボットでないのは、「これなら数十億人の人に影響を与えられるかもしれないと考えたんだ」とアーティーが語る通り、BtoC領域でチャレンジするという意識の表れだ。

このロボットがいま、世界に広がっている。すでに世界20都市10万マイル（16万キロメートル）以上をカバーし、これまで1500万人以上の目に触れたという。

このように、スカイプを作った人々がエストニアの地からスカイプを超える製品・サービスを作ろうとしている。これはアーティーに限った話ではない。第2章で紹介した都市間比較サービスのテレポート創業者もその1人である。

働くのに最適な都市をどう見つけるか「自由な移動」に欠かせないサービス

「もっと人々が自由に移動できる社会を実現したい――」

これは、テレポートの創業者で、現在はトピア（Topia）のチーフ・プロダクト・オフィサー（CPO）を務めるステン・タムキヴィ（Sten Tamkivi）が抱く信念だ。すでにテレポートという企業自体は買収され、トピアの一部になっている。

スカイプの初期を支え、テレポート（トピアに買収）を創業したステン・タムキヴィは、投資家としての顔も持つ

ステンは、２００５年にスカイプに入社。２０１３年にスカイプを辞めるまで、スカイプが世界に拡大する様を肌身で感じていた。そして地元エストニアの組織のトップとして、オフィスが約50人の組織から４５０人規模にまで成長する様子を見てきた。

ステン自身、スカイプというサービスの恩恵を受けていた。海外出張が多かったステンでも、スカイプがあれば世界中で仕事ができるようになった。「どこにいても仕事はできる」という感覚が身につくのも自然であった。

一方、企業がグローバル化するにつれて、人材採用面で課題が生じていた。

「スウェーデンの人材を雇うとき、タリンに来てもらうのか、プラハに事務所を置くべきか。あるいはロンドンやサンフランシスコ側で雇用するべきなのか。こんなことが毎週の

ように起きていたのです」（ステン）

いまやテクノロジーの進化で、人々はグローバルに仕事ができる。ホワイトカラーなら、ノートパソコンさえ持っていれば、どこでも働けてしまう時代だ。だが、どの都市に住むかによって生活水準が大きく異なる。

ステンは「私たちが調べたところ、一般的に、給料の6～7割を住居と税金にかけ、残りを教育や食費、生活費などにあてているとわかりました。ただ、よく考えてみてください。費用の大半に当たる住居費と税金のコストは、住む国や都市に依存しているのではないでしょうか」と投げかける。

同じ月給30万円だったとしても、東京とサンフランシスコ、クアラルンプールに住むのでは手元に残る額が違う。ステンは、「収入－生活費用＝使えるお金」という式を世界中で当てはめて、より手元にお金が残るような都市を選べば、もっとよりよい暮らしができるはずだ、と考えたのである。

その気づきから、２５０都市以上の生活のコストや環境、生活の質などを可視化する指標を８００にもわたる項目から作成し、働くのに最適な都市を探すための都市間比較サービスが生まれた。それが個人向けサービスのテレポートであった。

２０１４年に会社を設立、２０１７年にトピアに買収されて以降、このノウハウを個人向けから企業の人材採用や人事向けのサービスに展開しているのである。

ユニコーン企業を続々輩出
スカイプ出身者が変える社会

スカイプ出身者がつくった企業は他にもある。国際送金における銀行の不当な手数料の徴収をなくした、英トランスファーワイズ（TransferWise）がそれだ。

2か国以上を拠点に生活していると海外送金が必要になる。それにはおおむね3000～6000円の送金手数料（日本の銀行の場合）の他に、「隠れコスト」として、本来の為替レートに手数料（スプレッド）を乗せた金額が金融機関に徴収される。

スカイプの最初の従業員だった、トランスファーワイズの創業者の2人（両者ともエストニア人）は、この仕組みに憤りを感じていた。

それぞれ別々の国に住んでいるならば、実際に海外送金をしなくても、個人間で適正なルートで「肩代わり」し合えばよいのではないか。P2Pを利用し「個人間の通貨支払い」をグローバルにマッチングして生まれたのが、このサービスだったのである。

トランスファーワイズは、59か国以上で利用できるといい、日本でも展開されている。その累計資金調達額は3億9600万ドル（約436億円）に達している。

2010年に設立された同社は、いまでは企業の評価額が10億ドル（約1100億円）超という希有なスタートアップに用いる「ユニコーン企業」の1社にまで成長した。

「はじめに」の冒頭で登場したタクシー配車アプリ、タクシファイ（Taxify）の創業者もスカイプ出身者だ。この会社は、ヴィリグ（Villig）兄弟らが立ち上げたエストニアの会社で、兄のマーティン（Martin Villig）がスカイプに勤めていた。

タクシファイは2013年に設立後、東欧やアフリカを中心に世界26か国以上に拡大。1億7700万ドル（195億円）超の資金調達に成功し、こちらもユニコーン企業の1社となっている。

他にも、クラウドベースの顧客管理システムを提供する米パイプドライブ（Pipedrive）といった企業にも、スカイプ出身者がメンバーに入っている。2018年夏までに8100万円ドル（89億円）を調達した、エストニア発の成長企業だ。

活性化するスタートアップシーンキーワードは「分散型」にあり

このように数々の起業に関わったのがスカイプ出身者だった。エストニアのみならず世界に大きなインパクトを与えている。

累計資金調達額から見たエストニア発スタートアップを、ランキング形式で示したのが次ページの図表3-1である。ご覧の通り、先に述べた会社の存在感が大きい。

ここで浮かび上がるのは、スカイプという会社の考え方がエストニアのスタートアップ全体に広まっていることである。キーワードはP2Pやブロックチェーン技術を基盤とした「分散型」にある。

タクシファイやトランスファーワイズだけでなく、ジョバティカルやファンダービーム、他にもブロックチェーン技術を生かしたスタートアップからは、中央集権的な大企業による不便で高いサービスよりも、分散型で安く便利にするのだという考え方がうかがえる。サービスの核となる精神面においても、スカイプの与えた影響は大きいのである。

また、数多くのスタートアップが誕生したことで、経済や産業にも影響を与えている。タルトゥ大学のトゥニス・メッツ（Tõnis Mets）教授の論文(2)によれば、次のようなことがわかる。1990年代の半ばから、エストニアは西欧化と市場開放に伴い外国直接投資を招いて産業が発展してきた。だが、金融危機を受けて2007年でその流れが止まった。それが2011年からは、投資の性質が変わり、産業構造が大きく変化した。とりわけ、スカイプを中心としたエストニア発のグローバルIT企業が与えた影響が大きいという。たとえば、2005年から2015年までに、ソフトウエア企業は740社から2733社にまで増えた。これはエストニアの新規事業数の12・2％に当たるというのだ。

(2) T.Mets, "From the educational tiger leap program to the ICT startup booming in Estonia"

図表3-1 | エストニア発スタートアップ累計調達額ランキングトップ10+α

順位	名称	設立年	累計調達金額(億円)	推計企業価値(億円)	サービス概要
1	**TransferWise** トランスファーワイズ	2010	436.0	3,850	P2Pモデルで国際送金サービスを展開。為替手数料に含まれた金融機関の「隠れコスト」をなくした。日本でもサービス提供。
2	**Taxify** タクシファイ	2013	195.0	1,287	タクシー配車アプリ。東欧やアフリカを中心に18か国以上に展開、250万人超の利用者を抱える。タクシー会社とシステム連携。
3	**Pipedrive** パイプドライブ	2010	89.5	300+	クラウド上で営業担当者の売上高やスケジュール管理などを行うためのCRMツール。世界100か国超、5万社以上に広がっている。
4	**Skeleton Technologies** スケルトン・テクノロジーズ	2009	56.1	-	プラグインハイブリッド車(PHEV)や電気自動車(EV)向けのウルトラキャパシター(電気二重層コンデンサー)を製造。
5	**Neuromation** ニューロメーション	2016	55.0	-	ブロックチェーン技術を用いて、AI技術者向けプラットフォームを展開。マーケットプレイスを通じてAI技術の売買を可能にする。
6	**Starship Technologies** スターシップ・テクノロジーズ	2014	46.4	183	スカイプ創業メンバーが設立。地域において30分以内で配達できるように設計された、小型の無人宅配ロボットを開発。
7	**WePower** ウィーパワー	2018	44.0	-	ブロックチェーン技術をベースとした再生可能エネルギーの取引プラットフォーム。生産者は独自トークンを発行し資本調達が可能。
8	**Realeyes** リアルアイズ	2007	35.6	119	ウェブカメラの画像と機械学習の技術を通じて、動画コンテンツを見ている際の人の感情を読み解くサービスを展開する。
9	**crystalsol** クリスタルソル	2008	30.8	-	1960年代からのロシア軍およびフィリップスの半導体ノウハウに関する数十年の研究に基づいた、柔軟な光起電力膜を開発。
10	**Adcash** アドキャッシュ	2007	28.9	193	オンラインコンテンツやブランド広告配信向けに開発された、リアルタイムの広告トレーディングプラットフォーム。DSP。
11	**Agrello** アグレロ	2017	28.8	-	ブロックチェーン技術を用いたスマートコントラクトをコード不要で簡単に作成できるプラットフォームを展開。有力法律家チームで構成。
17	**Lingvist** リングビスト	2013	10.4	59	利用者のレベルに応じて学ぶ内容を最適化しながら学習ができる語学サービスを展開。楽天が出資し、日本からも利用可能。
20	**Jobbatical** ジョバティカル	2014	8.7	29	エンジニアやウェブマーケターなどのデジタルノマド向け求人サイト。世界中の働きたい都市に合わせて応募が可能。
21	**Veriff** ヴェリフ	2015	8.5	56	金融機関向けに、顔認証や文字認証技術などを用いてオンラインで完結する本人確認プラットフォームを展開。
23	**Funderbeam** ファンダービーム	2013	8.1	16	クラウドファンディングとブロックチェーン技術の組み合わせで、既存市場にはない新たな資金調達プラットフォームを運営。

*2018年8月13日時点、1ドル110円換算。Startup Estoniaをベースに Crunchbase や CB Insights、Funderbeam、各種ホームページより筆者作成。企業推計評価額は Funderbeam 記載の値

米テスラモーターズCEOのイーロン・マスクや、米リンクトイン創業者のリード・ホフマンなどを輩出した米ペイパル（PayPal）は、その出身者が活躍している様子から「ペイパル・マフィア」と呼ばれている。

エストニアではスカイプ出身者が「スカイプ・マフィア」として活躍するようになった。さらに現在、エストニアのスタートアップを見渡すと、スカイプとはまた別の新しい世代が育ってきている。

ステンは「5年ぐらい前までは、（スカイプ出身者を通じ）どんなスタートアップでも簡単につながれる状況でした。ただ、いまは知らない企業も増えています」と話す。

アーティーも「エストニアの若者からすればスカイプなんて時代遅れの産物《ダイナソー》さ。15年以上もたてば、もはや昔話のようなものだよ」と話す。

それだけ、エストニアでは次々と若い起業家が生まれているのだ。スカイプ・マフィアの次の世代、それが「エストニアン・マフィア」と呼ばれる起業家たちである。

3-2

次のスカイプを狙う「エストニアン・マフィア」とは何者か

いざ、エストニアの起業家が集う場へ スタートアップ成長の法則とは?

かつては工場関連の施設だったという建物。その外観は古び、中に入るとアスファルトの薄暗い通路になっている。うっすらと灯りがともる先に目を向けると、輪切りになった丸太が飾られ、その断面に数多くのスタートアップの名前が刻まれていた。

ここは、タリンのタリキヴィ地区にできた「LIFT99(リフト・ナインティーナイン、以下リフト99)」。自らを「エストニアン・マフィア」と名乗るコミュニティーであり、スタートアップのためのコワーキングスペースを提供している企業だ。

入り口とは対照的に、内部は明るい近代的なオフィスで、会議室やイベントスペースなど24時間、年中無休で使えるスペースがある。その会員数は90団体を超えている。

エストニア発の有力スタートアップが参加するLIFT99。COOのエリーゼ・サースは起業経験と大企業でのスタートアップ支援経験を持つ

何といってもこのコミュニティーには、タクシファイやパイプドライブ、スターシップなどエストニア発の有望なスタートアップが名を連ねているのが特徴だ。

訪れた筆者の前に、髪をたなびかせながら「それで、何が聞きたいの」と、さっそうと現れたのがリフト99の最高執行責任者（COO）、エリーゼ・サース（Elise Sass）だ。彼女は、リフト99についてこう説明する。

「ここはね、物理的な空間を提供するだけではないの。ここにいれば、新しい友人に同僚、ビジネスパートナーを得ることもできる。40ほどの投資家ともネットワークがあり、自分自身の成長にもつながる場なのよ」

実際、メンバーが1年足らずでサービス開発から資金調達までつなげるケースも続々と生まれている。それも、リフト99を通じて、他のメンバーの知恵やアドバイスをもらうことや、人材獲得ができたからだ。

そのため、エリーゼは「ともに働くスペースの意味であるコワーキングスペースではなくて、ともに成長する場、『コグローイングスペース』と名付けているの」と話す。

ただ、このようなコワーキングスペースやコミュニティーは、いまや世界中で作られている。他との違いはどこにあるのだろうか。

起業家によるコミュニティー運営が新興企業の成長を促す

エリーゼはもともと、ペットを核としたコミュニティーサービスを運営するスタートアップにいた。そこでコミュニティーを束ねる仕事を担っていた。

「でもね、失敗したの。スタートアップの9割が失敗する、あなたも知っている通りね」(エリーゼ)

その後、起業をへて彼女はマイクロソフトに入社。大企業側から中東欧地域のスタートアップ支援を行う立場になる。エリーゼはその当時を「30近い国々のスタートアップとマイクロソフトとをつなぐ役目だったわ。大企業とスタートアップの間に立ち情報を交換する、ある種の通訳といったところかしら」と言う。

起業も、コミュニティーマネージャーも経験し、大企業の勘所もわかる。故に、スタートアップの成長レベルに応じた支援が欠かせないことを知っているのだ。

ラティチュード59でもさまざまな講演を行ったラグナー・サースは、パイプドライブ創業者であり、エストニアン・マフィアの顔というべき存在

さらに、リフト99のCEOはラグナー・サース（Ragnar Sass）で、先にも述べたエストニアを代表するパイプドライブの共同創業者であり、起業を繰り返す連続起業家（シリアルアントレプレナー）として、エストニアで有名な人物だ。それでいて、ラグナーは、エリーゼの実の兄なのだ。

リフト99は、現役のラグナーが持っているスキルや人脈を「これからの起業家たちにも与えたい」として開いたコミュニティーでもあるため、「熱量」が違う。

さらに、今後はモバイルアプリを通じて、メンバー同士の交流を促す。そのときのデータを基に、誰がどの程度会ったのかなどの定量的な分析を実施。起業家たちを成長させるプラットフォームを築いていくという。つまり、ナレッジシェアを活発に行っていくコミュニティーになるというのである。

成功のカギは、起業家によるコミュニティー運営にあり、というわけだ。自身を「エストニアン・マフィア」とブランディングするのもそのためである。

日本にありがちな不動産会社や自治体が余った資産で作るコワーキングスペースとは違う。熱量があるので、同等の熱量の持つ人材が集まってくる。このコミュニティーから数多くのスタートアップが生まれ、成長することは間違いないだろう。

その際、重要なのが投資家の存在である。スカイプ出身者はこうしたまだ小さな起業家を支援する投資家としても大きな役目を担っている。

前年比2・6倍の資金調達
投資家が果たす役割

2017年は合計2億7000万ユーロ（約351億円）の資金を調達――。エストニアのスタートアップ動向を調査、支援しているスタートアップ・エストニア（Startup Estonia）によると、エストニア発のスタートアップは約500社あるといい、2017年は、前述したトランスファーワイズの成長が寄与し、前年の2・6倍規模の資金を獲得できたという。

2018年もこの勢いは続いており、上半期だけで300億円超を調達している（図表3-2）。この10年で累計6億4000万ユーロ（約832億円）の資金調達を行い、その資金の9割は海外投資家から得たものだという。

ここで資金調達の意味合いを述べておこう。

スタートアップが普通の会社とは違うのは、自己資金だけでなく、投資家からの出資を集めて急成長を果たす点にある。売上も利益も出ていない状態のため、従来型の銀行借り入れは難しい。だが、自己資金で黒字化するのを待っていては、特に競争の激しいＩＴ分野では事業機会を失ってしまう。

そこで、スタートアップ向けに出資をする「ベンチャーキャピタル（ＶＣ）」や、生まれたばかりの企業や個人事業主への投資を行う「エンジェル投資家」と呼ばれる人々が、スタートアップに資金を提供。赤字でも一気に人材を集めて成長を目指す仕組みが定着し

図表3-2｜エストニアのスタートアップ調達金額推移

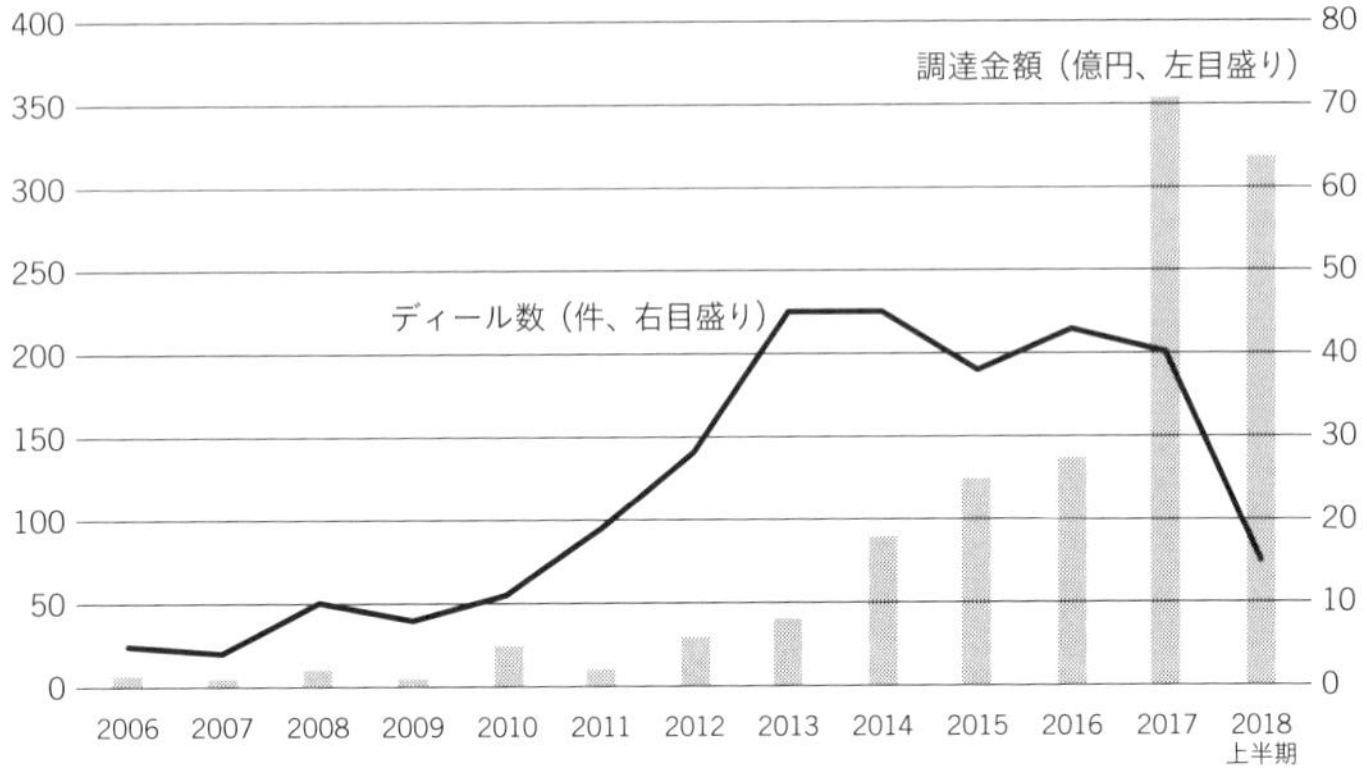

＊1ユーロ130円換算　出所：Startup Estonia

ている。

グーグルやフェイスブックなど米シリコンバレーを中心とした新興企業はこのような投資家の存在があってこそ急成長できた。これらがうまく循環する仕組みを「エコシステム（生態系）」と言う。聞き慣れない言葉かもしれないが、次の時代を理解する上で重要なので、深彫りしていこう。

3-3 ユニコーン企業を生み出すエコシステムの秘密

エンジェル投資家の存在が、海外からの資金を引きつける

エストニアでは、多額の資産を得たスカイプ出身者が自ら投資家となって次世代に投資するケースが増えている。

カルマ・ベンチャーズ（Karma Ventures、以下カルマVC）もその1つだ。スカイプ出身者の投資会社から始まったVCである。

カルマVCは、7000万ユーロ（約91億円）のファンドを組成。AIやブロックチェーン技術、バイオ、ロボットなどの領域を指す「ディープテック」と呼ばれる先端技術分野のスタートアップが主な投資先だ。

VCによっても投資するステージが分かれている。生まれたばかりの「シード」や「シリーズA」、そしてある程度の成長が見込める「シリーズB」、そして企業として成長を遂

図表3-3 | シリーズごとの投資プレイヤー

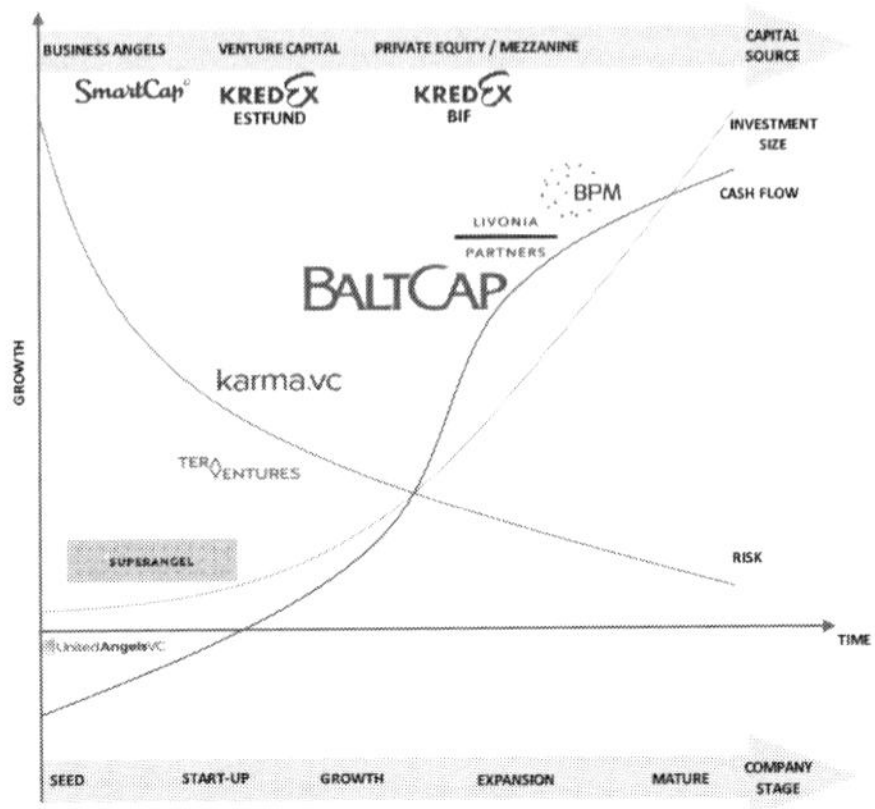

＊出所：Startup Estonia

げている「シリーズC」や「シリーズD」がある。

カルマVCでは欧州をカバーし、創業後間もないシードやシリーズAのスタートアップに、1社当たり50万から300万ユーロを目安に投資しているという。

他にもステージごとにどういったプレイヤーがいるのかをまとめたのが、図表3-3である。

もともとエストニアン・マフィアと呼びはじめたのは、米国の著名なベンチャーキャピタリストであった。それでは、そもそもエストニアとは関係もなさそうな日欧米の有力VCが、なぜいまエストニアに注目しているのだろうか。

カルマVCのパートナー、マルガス・ウダ

ム（Margus Udam）は「小さいながらも効率的に開発できるところでしょう。シリコンバレーと比べて、開発コストや生活コスト、人的コストなどを含めて5分の1程度で済むからです」と話す。

人件費や住居費の高騰するシリコンバレーに比べ、圧倒的にエストニアは安い。欧州内でもまだまだ開発コストが安く済む点が魅力的のようだ。

また、「大半のスタートアップにエンジェル投資家や創業者としてスカイプ出身者が関わっています」（マルガス）ということから、スカイプという土壌があり新しい芽を出しやすい環境がある。

日本にはエンジェル投資家がまだまだ少ない。アイデアや人材はあっても、事業として成り立っていない企業に対し、最初のカネをポンと出せる存在がエストニアにはいる。

また何度も起業を繰り返す連続起業家（シリアルアントレプレナー）は、確実に事業の成功確率を上げることのできる存在だ。エストニアには、そういった創業者が数多くいるのである。

海外の投資家は、その肥えた土壌に追加投資をすることで、花を咲かせることができるというわけだ。

もっとも、その背景に、国家としても財政が安定していることがある。

ＯＥＣＤの２０１５年調査によると、エストニアのＧＤＰに対する債務比率は12・９％と、加盟34か国中最も低い（対して日本は２３７％で最も高い）。

もともと外需依存型の経済の特性もあって、「長年、財政を安定させる原則を貫いてきました。それがスタートアップのみならず伝統的な企業においても、外国人投資家の信用を得られると考えてきたからです」と、財政にも明るいマルガスは語る。

そして、エストニアでスタートアップが生まれるのは、何といっても「起業家の意識が高い」（マルガス）ということが大きいようだ。

起業家マインドは先進国でトップレベル

起業家マインドの高さは、国際的な調査からもうかがえる。米国バブソン大学と英国ロンドン大学ビジネススクールによる調査「グローバル・アントレプレナーシップ・モニター」から見てみよう。

この調査は、約20年近くにわたり、各国民へのアンケートを基に起業家の考え方や能力、意欲、起業の実態などを調査し、起業に対する意識について明らかにしている。特に、起

図表3-4｜総合起業活動指数（TEA）先進国ランキング

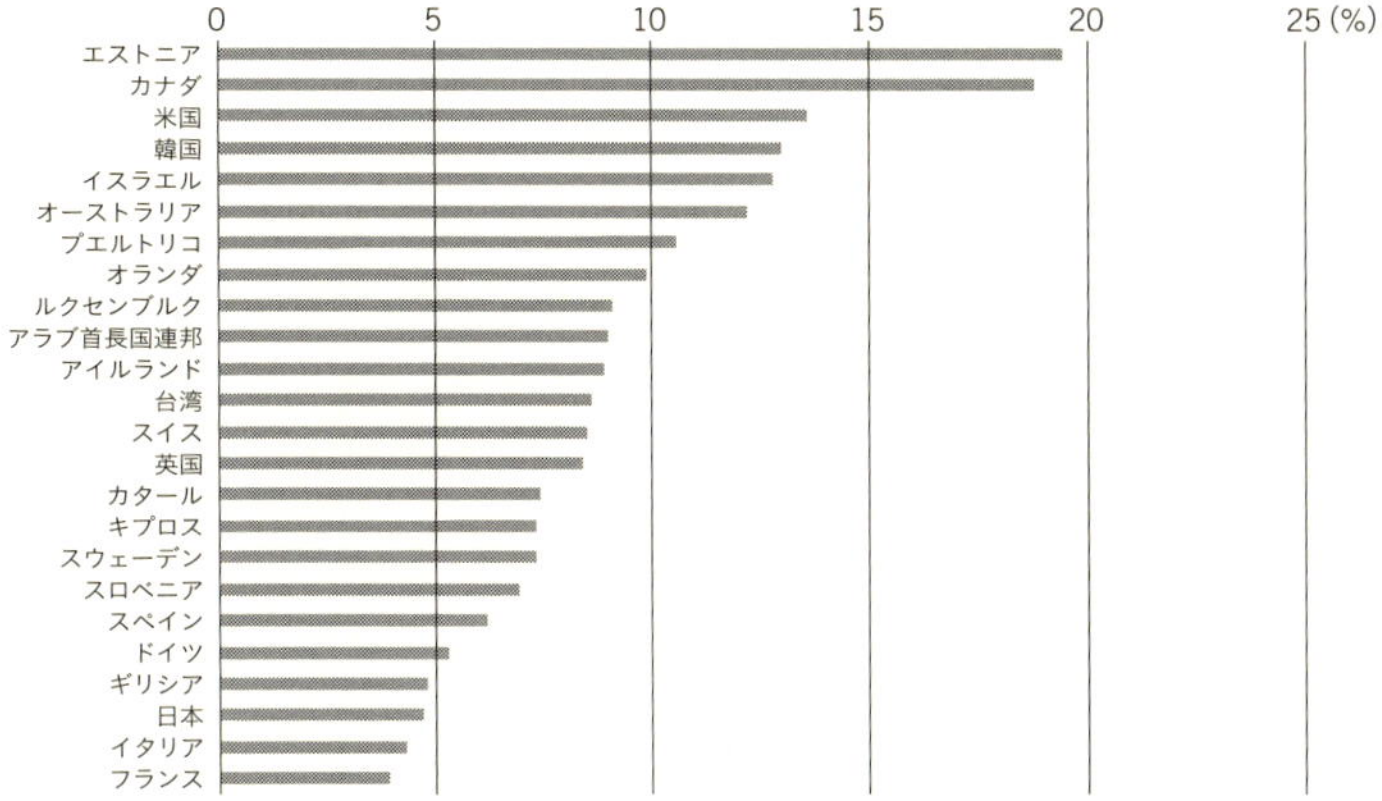

＊"GEM 2017 / 2018 GLOBAL REPORT"（2018）を基に筆者作成。
先進国とは、「Innovation-Driven Economy」と分類された24か国を指す

業活動の活発さを表す総合的な指標「総合起業活動指数[3]（TEA）」が参考になる。

エストニアのTEAは2017年／2018年調査で、先進国に当たる分類（イノベーション主導型経済地域）内で、カナダや米国を抑えて24か国中トップだ（世界54か国中11位）。

日本は先進国内ではワースト3位（世界54か国中50位）。調査結果に妙に納得してしまうが、それだけエストニアの起業活動の活発さや、起業マインドの高さが裏付けられている（**図表3-4**）。

小国ゆえ、国内にマーケットはないので、エストニアのスタートアップは最初からグローバル向けに開発する。他にも、海外の有力ファンドとの関係を築くために積極的に〝外

（3）"Total Early-Stage Entrepreneurial Activity"。18～64歳の間で新規事業を開始、またはその準備をしている人（42か月未満、起業家または事業主）の割合。

交〞を行う。日本のメディアとの接点も積極的に持つなど、こうした活動からもその高い意識が表れている。

政府も積極的に支援
連携のカギは「距離の近さ」

スタートアップを支援するのは、何も起業家や投資家たちだけではない。

スタートアップ・エストニアのストラテジスト、リボ・リーストップ（Rivo Riistop）は「タリンには70を超えるスタートアップ支援団体があり、歩いていける距離に集積しています。政府の規制面をクリアしてビジネスを行うための相談をするには適しているのです」と話す。

確かに、政府との距離が近く、スタートアップの関係者と政府関係者との関係は、日本に比べてとても密である。第2章で述べたデジタルノマドビザの構想もその好例だ。スタートアップの技術を生かすために政府が規制を変える姿勢がある。リボは、「小さく、試験的にビジネスを試すのに適しています」と言う。

スタートアップの誕生は政府にとっても雇用を生む機会につながる。

スタートアップ・エストニアのような公的支援団体とすぐにつながれるのもエストニアならでは。写真は、リボ・リーストップ(右)とインガ・コフエ(Inga Kõue)

エストニア発のスタートアップは世界的に4300人の新しい雇用を生み出し、うち3000人はエストニア内の雇用につなげ、年間500人以上の雇用を生んでいる（2017年時点）。雇用者に対してかかる税収入も毎年30％以上伸びており、地元経済にとっても大きな役目を果たしているという。

政府組織のみならず、他にも大学や研究機関、専門家との近さもスタートアップが成長する要因になっている。エストニアには民間も政府もスタートアップを支援する姿勢が強く、リフト99のようなコミュニティーも形成されている。新しいスタートアップを次々と生む土壌が育っているのだ。

新しい企業を生むには、画期的なアイデアか新しい技術やその結合が欠かせない。その点、エストニアのタリン工科大学が果たしている役目は大きい。1918年に設立され、現在のエストニア電子政府を支える高度な人材を数多く輩出してきた。工科大学ながら法律や経営などのビジネスコースもあるため、テクノロジーとビジネスをつなげる新しいアイデアが次々と生まれている。

そこで、エストニアの新世代を代表するスタートアップを紹介しよう。

スマートコントラクトで契約革命を起こす

ブロックチェーン技術による「改ざんができない仕組み」や「履歴が残る特性」を生かし、仮想通貨以外での応用が盛んになっている。

その1つが契約を個人間で機械的に処理する「スマートコントラクト(4)」である。

スマートという名の通り、弁護士や仲介機関などの専門家を排除して売買契約や不動産取引など煩雑な契約を、個人間で行えるようにするものだ。

とはいえ、スマートコントラクトの実装は現状において、技術的にも、専門的な知見からも難易度が高く、真似できるものではない。そこで、コーディングの技術がなくても、テンプレートを利用することで、簡単に法的拘束力を持つスマートコントラクトを作成できるサービスを開発したのが、2017年に設立されたアグレロ（Agrello）だ。

アグレロの共同創業者でCEOのハンド・ランド（Hando Rand）は弁護士資格を持っており、国際貿易会社に勤めた経験があった。そこでハンドが見たのは、大量の紙書類が行き交う光景であった。

弁護士資格を持つというアグレロ創業者でCEOのハンド・ランドは弱冠23歳の起業家だ

国際貿易では、原料から製品加工、消費者に届くまでのサプライチェーンに関わるため、それぞれの工程に異なる契約書類が必要だ。紙書類を大量に処理する中で、ハンドは「紙のいらない解決策が必要だ」と感じるようになった。

タリン工科大学出身のハンドには、プログラミング経験があった。そのため、「弁護

（4）序章の孫泰蔵さんインタビューも参照のこと。

士は契約書をそれぞれの流儀や言葉で書いている。機械に読み込ませるには、もっと標準化が必要だ」と感じていた。

そこで、契約書をＡＩで読めるようなソフトウェア開発ができれば、と考えたのだ。ハンドは、大学の友人にそのアイデアをぶつけた。

「タリン工科大学には1万4０００人の学生がおり、とてもスマートな人たちが多い。その友人が他の学生たちにも同じように話をしてくれ、アイデアがどんどんと膨らんでいったんだ」（ハンド）

彼のアイデアは、ブロックチェーン技術を生かしたサービスに発展した。その一方で、大手弁護士事務所の有力弁護士を引き入れることにも成功し、弁護士と暗号技術の専門家の混成チームによって、アグレロが生まれたのである。

アグレロは、オリジナルのＩＤ認証技術を開発している。個人間の契約、つまりスマートコントラクトを成り立たせるためには、契約者が誰か、その本人確認が欠かせないからである。

そもそもエストニアは、電子署名と電子認証の入ったデジタルＩＤカードによって、契約書を電子化することに成功した。これは第1章でお伝えした通りだが、実は、アグレロは民間企業向けのデジタルＩＤ（アレグロＩＤ）を開発しているのだ。国のデジタルＩＤ

カードがなくとも、ブロックチェーン技術を用いて本人確認ができるようにするというものだ。

これは、エストニアが電子政府サービスを構築した際の「逆転の発想」そのものではないか。

ハンドは「そうだね。アグレロIDを通じて3秒もあれば、信用性のある電子署名ができるようになるんだよ」と話す。彼らが開発している電子署名は、EU加盟27か国なら原則として、エストニアと同じように効果がある。ID利用者はEU内で電子署名を使って取引ができるため、アグレロはエストニアの電子政府をEU内で仮想的に構築しようとしているといえる。

取材時点で、アグレロは数百人規模でテストをしていた。これが広がれば、アグレロのサービスを通じて、世界中で誰とでも簡単に契約が結べる日が来るのかもしれない。しかも彼はまだ23歳と若い。サービスはますます進化していくことだろう。

スカイプ成功で生まれたエストニア流のエコシステム

これまで見てきたように、エストニアでは、暗号技術やITに長けた人材が長年輩出されている。それが独立とスカイプ誕生を機に、IT産業として大きく成長しはじめている。スカイプで多額の資金を得た人たちがそれを元手に新たな会社を興す。ないし、投資家として、VCとして新しい会社に投資をする。その受け皿としてのコミュニティーができ、人材やノウハウ、資金を交換・交流させて、互いに切磋琢磨しながら全体として成長していく。そこから巣立った企業が新規株式公開（IPO）やM&A（合併・買収）をして、また新たに多額の資金を得るものが出て、次代につないでいく。

エコシステムとは、こういった循環する仕組みのことを指すのである。

何度も起業を繰り返すシリアルアントレプレナーが現れ、スタートアップの失敗の確率を下げるノウハウが共有され、世界中の投資家から資金を集める。成功者（ロールモデル）ができれば、それに憧れて世界中から次々と新しい人々がエコシステムに加わる。すると、強固な生態系になりやすい。

それでは、シリコンバレーのエコシステムとの違いはどこにあるのだろう。

マーケティングは他国で研究・開発拠点にかじを切る

リフト99のエリーゼは、「シリコンバレーから学ぶことはたくさんあるけど、シリコンバレーと違うのは、営業や販売で大きく見せたり、盛ったりしないことかしら。エストニア人の精神は、約束を守ったらそれを実現する。自分ができることをきちんとね」。

彼らは確かに約束を守るだろう。小国ゆえ、その多くが顔見知りだ。そのため、一度裏切ると信用を取り戻すことは難しいという背景がある。

だが、ここには課題も露呈している。小国ゆえに市場としてのうまみはない。マーケットがないから、アマゾンで商品を買ってもドイツから品物が届くような地域性だ。そのため、マーケティングや営業の人材が育っていないのである。

「営業やマーケティングが弱いのはその通り。だから研究・開発はエストニア、営業・マーケティングは他の国で行うことが多いわ」（エリーゼ）

政府としても課題は同じである。

経済通信省のヴィルハール・ルビ（Viljar Lubi）は「スタートアップには、できる限りエストニアにいてもらいたいのです。市場が小さいため、営業やマーケティングに関わる人材はここにとどめることはできませんが、本社または研究開発拠点を残してもらいたいと考えています」と話す。

実は、エストニアのスタートアップはある程度成長すると、英国や米国などに拠点を移してしまう。グローバル市場を狙う、グローバルカンパニーとして展開するためだ。一方で、エストニアへの恩返し（雇用の確保や税金の支払い）も忘れないようにしている。

そこで、いま進んでいるのが、研究開発用途での拠点機能化である。マルガスがディープテックのスタートアップに投資を進めるのも、「エストニアにはもっと研究機関の存在と研究開発投資が必要だから」という。

実際、スカイプも、マイクロソフトに買収されるまでは本社をルクセンブルクに置いて、開発をエストニアで行ってきた。スターシップも同様にロンドンやサンフランシスコなどに次々とオフィスを開いているが、開発拠点はいまもエストニアである。同じように、エストニアは技術開発、研究開発拠点としての生き残りを目指していくのである。

マーケットがないため、技術開発をメインに行って成長につなげる。しかもグローバルに。このようなエストニア流のエコシステムが機能しはじめていることから、いまや世界中の投資家や起業家から注目を浴びるようになった。

このエコシステムには、日本人起業家もおり、その存在感が高まっている。次のパートでは、ある日本人の挑戦を紹介する。

3-4 「トークン・エコノミー」の産声

2000人の集まるイベントで新たな「経済実験」を行う日本人起業家

タリン中心部からほど近い場所に「59°」と書かれた大きな黄色の看板があった。その看板を横目に、朝から長い行列ができていた。列の先頭は、元発電所だったというレンガ造りの施設に向かっていた。上に目をやると、赤褐色の煙突が青空に向かって伸びていた。

2018年5月、エストニア最大のテクノロジーカンファレンス、ラティチュード59が開かれ、日本を含む世界20か国以上の起業家や投資家、企業関係者ら2000人以上が集まった。電子政府エストニアのテクノロジーがわかるとあって、日本からも福岡市やITに詳しい技術者や投資家、学生など100人以上が参加していた。

企業のブース展示や起業家たちの講演、パネルディスカッションが開かれていたにぎやかな会場で、異彩を放つブースがあった。

畳が敷かれたそのブースでは、浴衣姿のスタッフが来場者をもてなし、お抹茶をふるま

◀発電所の跡地を利用して作られた会場でラティチュード59が開かれた

▼外観とは違って内部はデジタル社会をイメージさせる先端的な印象を与えていた

ブロックハイブ創業者の日下光さん。ラティチュード59のブースでは畳を敷き、来場者にお抹茶をふるまっていた

っていた。そこにいたのが、エストニアを本拠地とするブロックチェーン技術系スタートアップ、ブロックハイブ（blockhive）CEOの日下《くさか》光《ひかる》さんだった。

日下さん率いるブロックハイブは、会場である実験をしていた。

概要は、こうだ。彼らは、QRコードのついた独自の「お札」を会場内の各ブースに配置した。さらに、来場者にはあるアプリをダウンロードしてもらう。彼らが事業として展開している、ビットコインやイーサリアムなど複数の仮想通貨を一元管理できる「エスティ・ウォレット」というモバイルアプリだ。来場者は、このアプリとお札のQRコードを用いて、ブースを回った情報を登録する。すると、ブースに回った分だけ報酬として「エスティ・トークン」という〝お金〟が手に入るようにした。

つまり、ブースを回ってお札を集めると、アプリにある「財布」にトークンがどんどんたまるという仕組みだ。日下さんたちは、それが一定以上たまった人に、ブースでお抹茶をふるまっていた。

なぜ、そんな手の込んだことをしたのか。それに対して、日下さんは「新しい信用の経済をつくりたい」と語る。実は、彼らはブロックチェーン技術を用いて「トークン・エコノミー」と呼ばれる、新しい経済のあり方を模索していたのだ。

彼らは、一体何をしているのか。その話の前に、エストニアで数少ない日本人起業家として活躍する、日下さんの起業体験の話に耳を傾けよう。

「いいね!」に価値が生まれないのはなぜ? インターネットが抱える本質的な課題

日下さんは、家庭の事情で10代をハワイで過ごした。パイロットになるのが夢で、実際にハワイの上空を飛び回っていたが、ビザ（査証）の壁に阻まれ、パイロットになれなかった。失意の中、21歳で東京に帰ってきた。英語の先生やバーでアルバイトをしながらも、預金残高が底をついてしまい、はたと考えた。

「こんなに便利なインターネットの世界があるのに、本当にその価値を表現できているのだろうか」

ツイッターやフェイスブックでは、自分の気に入った投稿をリツイートしたり、「いいね！」ボタンを押したりすることができる。そこから派生してSNSのフォロワーの数や友達の数が、その人の「信用」を表すものだと認識している人も少なくない。

だが、日下さんはそうは思わなかった。「無限に『いいね！』やリツイートができるのは間違っている」と感じていた。時間も、お金も、資源も、有限だからこそ価値がつくのではないかと考えていた。「インターネットによって、コピーアンドペースト（コピペ）が無限にできるようになって、情報があっという間に広まるようになった。災害時の情報伝達で証明された通り、これは素晴らしいことだが、現実世界では、コピペができないことに価値があるのではないか」

そこで「ソーシャル・キャピタル」という考えを知ることになる。

ソーシャル・キャピタルとは、社会関係資本とも呼ばれ、1990年代に、社会学者であるハーバード大学のロバート・パットナム教授が提唱して広がった考え方である。地域活動や友人との交流の頻度などの社会的なつながり度合いを1つの資本と見なし、この蓄積がある社会の方が効率的で豊かであると説いている。つまり、経済資本とは別に、人と人とのつながりに見えない価値があるという考えだ。

日下さんは、つながりの中で生まれる信用がこれからの経済において重要だと捉え、この価値を可視化できないかと考えたのだ。

つながりから生まれる信用の価値を可視化

「これからは、資本主義社会から信用主義社会に移行します!」

2012年、日下さんはたまたま出演したテレビ番組のトークイベント「TED meets NHK スーパープレゼンテーション」で、こうプレゼンしたことをきっかけに、起業を果たした。

まず、独自SNS「charitt」(チャリット)を開発した。SNS上に24時間に1度、利用者全員に5枚のコインを配る。そこで、誰かの投稿に「いいね!」をする代わりに、気に入った投稿にはコインを渡すようにした。配布されたコインが使える期限は24時間。5枚のコインも、金貨や銀貨、銅貨のように、価値に差をつけた。

日下さんは「コインを渡す側にも、受け取る側にも、その価値が感じられるように価値を有限にしたのです。裏側では、記事ごとに誰からどのコイン（トークン）をもらったかを記録し、タイムスタンプを押していました」。

日下さんは、この事業に手応えを感じていたが、採算が取れるところにまでは成長しなかった。その折、ブロックチェーン技術を知り、これまでの事業との相似形を見いだした。そこから、ブロックチェーン技術に傾倒し、企業の受託開発で生計を立てていたのである。

転機が訪れたのは、2015年、新幹線の移動中にたまたま読んだ雑誌の記事[5]で、エストニアを知ったことだった。

電子政府の裏でブロックチェーン技術が活用されていたことに、日下さんは強い驚きと大きな関心を抱いた。エストニアで事業を興そうと決意し、移住したのだ。

世界で広がる「ICO」課題は投資家保護にあり

エストニアに移り住んだ日下さんは早速、新しい資金調達の方法を生み出した。それが、ICOに替わる「ローン型資金調達」（Initial Loan Procurement：ILP）という仕組みである。

ＩＬＰを説明する前にＩＣＯについて、改めて述べておこう。ＩＣＯとは、イニシャル・コイン・オファリングといい、新規株式公開ＩＰＯをもじって生まれた、デジタルトークンを利用した新しい資金調達の仕方である。

そもそも、トークンの言葉には、「引換券」や「札」という意味がある。ここでは、ブロックチェーン技術を利用して発行される「デジタル上の権利証」を指す。

たとえば、ある仮想通貨のプラットフォーム（イーサリアムなど）上で企業がデジタルトークンを発行するとしよう。その際、仮想通貨と交換できる引換券を顧客に提供する。トークンなので個人間で交換が可能であり、流動性があり、価値もつけられる。

難しく感じた人は、株式のようなものをイメージしてもらえればいいし、Ｔポイントといった共通ポイント制度のような感覚で捉えてもよいだろう。

ＩＣＯをするには、企業が「ホワイトペーパー」と呼ばれる目論見書を出して、株式の代わりに独自のデジタルトークンを配るだけでよく、それによって企業は資金（仮想通貨）を得られるという仕組みだ。

株式上場に比べて発行コストが安く、投資家にとっても比較的、簡単に売買できる。国際的な市場の流動性もあるため、既存の株式市場に代わるものとして注目を集めている資

（5）「週刊ダイヤモンド」（2015年3月14日号）の特集「北欧に学べ」

金調達手段である。

実際、ＰｗＣのレポート(6)によれば、ＩＣＯは２０１３年頃から始まり、２０１８年５月までに合計１１５８件、計２１０億ドル（約２・３兆円）の調達に成功しているという。

しかしながら、課題がある。ほとんど法規制がかかっていないため、そしてホワイトペーパー１つでお金を集められるために、詐欺まがいの事例が後を絶たない。また、税金面も不透明とあって、普通の企業であれば尻込みしてしまうのだ。

ＩＣＯの弱点を克服した貸付型の新手法とは

ＩＣＯの前置きが長くなってしまったが、日下さんたちは、これらの弱点を克服するために、トークンを株式ではなく債券のように使えばいいと考え、ＩＬＰを生み出した。

ＩＬＰは次のような仕組みだ。

まず、ブロックハイブが電子ローン契約のプラットフォームを築き、そこに借り主と貸し主の両方の参加者を集めて、法的拘束力のあるローン契約を結ぶ（正確には、ローン契約できる独自のトークンをブロックハイブが発行する）。

そうすることで、送金は「貸付」となるため、元本は法律で保護される。当然、利息もあるし、満期に償還される。トークンのために参加者同士で売買も可能であり、流動性も担保した。企業としても会計上は負債として計上できるのだ。

こうして、ＩＣＯの弱点を克服したローン型の新しい資金調達法を生んだのだ。


それではなぜ、わざわざローンなのかといえば、ここに日下さんの思想が表れている。

ＩＣＯでは、「無」から価値を生むという、ある種の錬金術ができてしまう。トークンの価値は、本来の企業価値のように、将来の企業の生み出す利益と投資家の相対的な期待値から換算されるものではない。いわば、期待値だけで生み出される価値である。投資家保護もできないため、日下さんは、法的拘束力のあるローン契約という発想に至った。

日下さんはＩＬＰについて「発行したらその分、企業は満期に返さなければなりません。ＩＣＯのアンチテーゼとしての考え方を取り入れたのです」と話す。


ここで思い出すのは、「価値は有限にすべきである」と、日下さんが起業前から考えていたことである。この思いが結実し、世界で初めてのＩＬＰという仕組みを生み出した。

しかも、難しい手続きはいらず、冒頭のエスティ・ウォレットで一元管理できる。つまり、

（6）PwC "Initial Coin Offerings A strategic perspective"(June 2018 Edition)

彼らのアプリの中ですべて完結するのだ。

このスキームは、ブロックハイブ自身の資金調達だけでなく、実際にエストニア西部ヒーウマー島のバイオマス発電所建設プロジェクトにおいて利用されている。さらに、不動産や地方自治体、スタートアップ向けなどさまざまな分野において検討が進み、2019年前半にはいくつかのプロジェクトで実施される運びだ。

このように、日下さんたちは信用をベースとした新しいトークン・エコノミーを築こうとしている。冒頭のスタンプラリーのような仕組みも、彼らのトークンを得て、それを友達に渡すだけで、さらにトークンを得られるようにしていた。信用が信用を生む、そんな仕組みを築こうとしているのだ。

エコシステムこそが国も企業も成長させる

ここまでは、一起業家としての日下さんを見てきた。だが、面白いのは、日下さんは、エストニアの進める仮想通貨「エストコイン」の検討委員会メンバーでもあることだ。当然、メンバー唯一の日本人である。

エストニアは、政府としてブロックハイブといった気鋭のスタートアップも、その知見を自らの中に入れて、議論を展開している。

日下さんは、エストニア政府の姿勢について「日本の法務局のシステムが使いにくいからといって『自分たちで作り直そうぜ』というわけにはいきません。ですが、エストニア政府とはそれができてしまうのです」と話す。

エストコイン開発の裏側に、信用をベースとしたトークン・エコノミーを目指す日下さんたちが入っているというのは非常に意義深い。しかも、第2章で述べたように、イーレジデンシー取得者の経済圏をエストコイン、またはトークンで拡大しようと考えている彼らが、このような新しい経済モデルをつくっても、おかしくはないのである。

では、ブロックハイブが日本でここまで飛躍できたのか、といえば残念ながらその環境はなかっただろう。

エストニアは、スタートアップへの支援姿勢も貫いている。たとえば、ブロックハイブは政府100%出資のエストニア電力（Eesti Energia）と連携し、膨大な電力が必要なマイニング事業向けに、セキュアーな施設と安価な電力の提供を受けている。

ILPという仕組みができたのも、エストニアの電子署名や電子政府という仕組みがあったからだ。また、先に紹介したアグレロとも連携して開発を続けている。

つまり、エストニアに来たからこそ生まれたサービスで、エストニアのエコシステムに彼らが入ったことで、ブロックハイブも、そしてエストニアも成長を続けているといえるのだ。

これだけのことが、日下さんがエストニアに移ってからわずか2年もたたずして実現したのである。

3-5

エストニアで見つけた未来
エコシステムが生まれ、挑戦する人があふれ出す

なぜ〝経済大国〟の日本にはアップルやグーグルが生まれないのか

グーグル（Google）、アップル（Apple）、フェイスブック（Facebook）、アマゾン（Amazon）。時代を先ゆくこの米国4社は、その頭文字を取って「ＧＡＦＡ」（ガーファ）と呼ばれる。

驚くべきは、その時価総額である。この4社のみで3・3兆米ドル（約363兆円）に上ることだ。日本の全上場企業約3600社の時価総額が合計677兆円（2018年7月末時点）なので、この4社でゆうに半分を超えてしまう。

日本にはなぜ、アップルやグーグルが生まれないのだろうか。

この節では、改めて日本のスタートアップ環境について考察したい。

そもそも、スタートアップが成長するためには、投資家から資金を集めて優秀な人材を獲得し、製品やサービスに磨きをかけていく必要がある。もちろん、金融機関から融資を受ける手もあるが、時間のかかる審査を待っていてはビジネスチャンスを失ってしまう。そこで投資家の出資を受ける場合が多い。

そうしたスタートアップに資金を提供しているプレイヤーの1つがVCだ。VCは、投資の9割が失敗したとしても、1割で大成功すればよいと考えており、金融機関では取ることができないリスクを負って出資する。

また、エンジェル投資家も、スタートアップを足元で支えている。その多くが自ら企業経営者として成功を収め、財を成した人物たちだ。自分の体験もあるので、創業間もない企業に寛容であり、出資だけでなく、人材の紹介やアドバイスなども行う。

シリコンバレーには、こうした投資家たちがそこら中にいる。たとえば大学で先端技術の研究に打ち込んでいる若者に、エンジェル投資家がポンとカネを提供し、新しい技術が花開くといったケースは枚挙に遑《いとま》がない。

スタートアップ投資が少ない日本
米国のわずか2%規模という現実

投資家の厚みは、スタートアップの誕生と成長に大きく影響する。実際、2016年のベンチャー投資額は、米国の7・5兆円に対して、欧州が5353億円、日本は1529億円（米国の約2%）にとどまる（「ベンチャー白書2017」より）。

投資家から資金提供を受けて成長し、花開いたスタートアップには大きく2つの道ができる。1つはIPO、つまり上場によって市場から資金を得て、成長を目指す道。そしてもう1つは、M&Aによって経営権を売却し、どこかの企業の傘下に入る道だ。これをエグジットという。

VCから出資を受けた企業は、ファンドの運用期間が5～10年程度であるため、10年足らずでどちらの道を選択するか迫られることになる。逆にいえば、こうした〝期限〟があるからこそ、急成長を果たすスタートアップが次々と生まれるのである。

特に、グーグルやアマゾンといった巨大IT企業は、株高を背景に、さらなる成長を果たすため、スタートアップの技術や人材を取り込もうと積極的にM&Aを仕掛けている。それもあって、米国ではVCから出資を受けたスタートアップの約9割がM&Aでどこかに売却されている。

これにより、起業家には多額の資産が転がり込む。そこで、次なる起業につなげたり、自身が投資家となって別の企業を支援したりする。

そうした〝循環〟を見て、世界中からヒトとカネが集まるため、情報交換や人材交流も活発となり、新産業の創出に至っているのだ。

GAFAが育ったのは、このような循環型のエコシステムが機能したからだと言われている。とりわけアップル、グーグル、フェイスブックの3社はいずれもシリコンバレーの会社である。日本は、シリコンバレーのようなエコシステムがまだ築けていないのではないか。

日本で圧倒的に足りないのはスタートアップの絶対数

図表3-5を見てもらいたい。

これは、スタートアップやVCの動向を調査するCBインサイツのデータベースを基に、10億ドル以上の価値を持つユニコーン企業数をまとめて、上位から並べたものである。こ

図表3-5 | 各国別ユニコーン企業数ランキング

順位	国名	ユニコーン数	スタートアップ数	ユニコーン比率(%)	累計調達金額(億円)
1	米国	133	91910	0.14	1,111,000
2	中国	79	7808	1.01	309,870
3	英国	14	9701	0.14	94,164
	インド	14	4885	0.29	77,330
5	ドイツ	6	3463	0.17	21,890
6	イスラエル	4	1977	0.20	15,400
7	韓国	3	1172	0.26	12,540
	インドネシア	3	396	0.76	8,250
9	フランス	2	4584	0.04	26,180
	スイス	2	1167	0.17	22,440
	南アフリカ	2	493	0.41	5,148
	コロンビア	2	261	0.77	3,212
	エストニア	2	201	1.00	1,509
14	カナダ	1	4622	0.02	43,340
	シンガポール	1	1145	0.09	16,940
	ブラジル	1	1443	0.07	15,290
	アラブ首長国連邦	1	330	0.30	14,190
	日本	**1**	**1425**	**0.07**	**11,880**
	オランダ	1	1680	0.06	11,770
	オーストラリア	1	2531	0.04	8,503
	香港	1	411	0.24	8,360
	スウェーデン	1	1682	0.06	7,535
	ルクセンブルク	1	101	0.99	4,862
	ナイジェリア	1	275	0.36	4,840
	フィリピン	1	159	0.63	2,156
	ポルトガル	1	322	0.31	1,243
	マルタ	1	40	2.50	52

*CB Insights のデータベース（DB）を基に筆者作成。2018 年 10 月 12 日時点。ユニコーンとは推計企業価値が 10 億ドル以上の企業で、スタートアップ数は同 DB の国別登録数。ただし、対象企業は "Private (Alive / Active) " で、非上場で M&A 等が行われておらず、現在も活動中の会社のみ。国内活動中心の企業は登録されていないものがある。エストニア発のスタートアップが同国には含まれていない場合がある（ただし TransferWise はエストニアに換算）

のユニコーンこそが次なるGAFA候補となる存在であり、この数が重要だ。[7]
トップが米国で133社、2位中国が79社、3位が英国とインドで14社と続く。それに対して日本は1社（AI開発企業のプリファード・ネットワークス）のみである。

では、なぜ日本はユニコーン企業が少ないのか。

全体のスタートアップ数からユニコーン企業数の比率を見てみると、ユニコーンの輩出比率は、米国も1％に満たない。つまり、比率で見ると、各国、さほど差はないように見える。ユニコーンの輩出とはある種、ホームランを狙うようなものだからだ。

また、日本の経済力は他国に比べればまだ強い。ということは資金もあるはずだ。


ならば、日本にはスタートアップの絶対数が足りていないのではないか。実際、米国約9万社、中国約7800社、英国約9700社に対して、日本は約1400社しか登録がない。

もちろん、日本向け市場に特化したスタートアップが登録されていないケースや、情報更新できていないケースもある。ただ、それは中国など他国も同じであり、それだけ海外投資家の目に触れていないともいえる。いずれにしても、人口、経済規模からすると少な

図表3-6｜スタートアップ登録数と調達金額の関係図（人口比、GDP比）

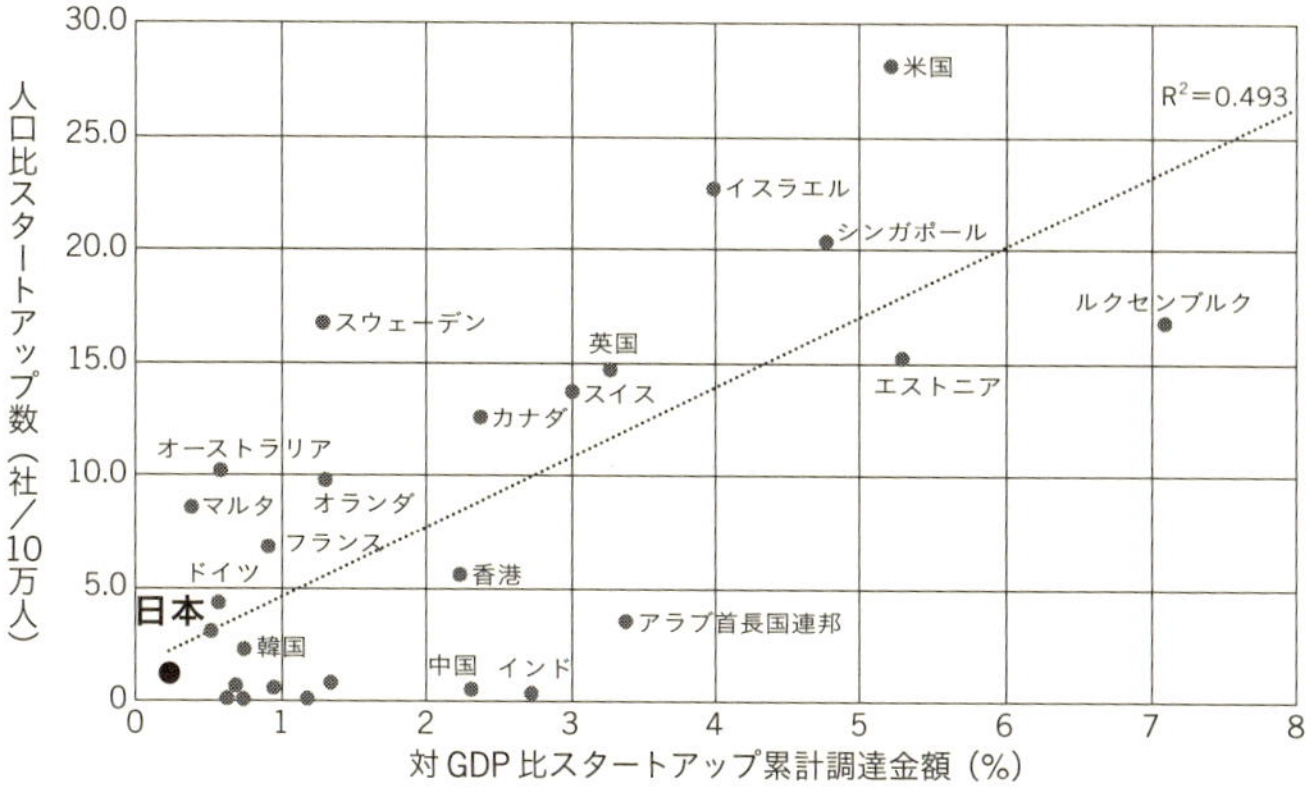

＊ユニコーン企業数1社以上の国を対象にCB Insightsのデータベースを基に筆者作成。
人口とGDP（名目）については世界銀行データ（https://data.worldbank.org/、2017年）を用いた

いのである。

ここで、そのスタートアップを人口比で見た値と、スタートアップの累計資金調達金額をGDP比で見た値との散布図をとると、日本がいかに、その経済力や人口に対してスタートアップが生み出せていないかが、よくわかるのではないか（**図表3-6**）。

日本は、人口10万人当たりのスタートアップ数が1・1社であり、調達金額もGDP比で0・2％しかない。米国（同28・2社、5・2％）やイスラエル（22・7社、4・0％）、シンガポール（20・4社、4・7％）、エストニア（15・3社、5・3％）などに比べても、やはり低いと言わざるをえない。

この散布図をとると、正の相関関係が見て

（7）エストニアは、エストニア発でありながらも本社が別の国に置かれることも多いため、スタートアップの数がスタートアップ・エストニアの調査の数値よりも低く出ている。

とれる。スタートアップが多く生まれればそれだけ資金も集まり、資金が集まるからまたスタートアップが生まれる。右上のグループは、そのように循環型のエコシステムが機能している印象がある。

結局のところ、スタートアップが少なければ始まらないということだろう。打席が少なければそもそもホームランも出ない。残念ながら、日本は経済規模に対して、スタートアップ文化がまだまだ根付いておらず、エコシステムが醸成されていない。

エコシステム構築に欠かせない5つの視点

カネはある。技術もある。アイデアもある。人材もいる。それでは、日本のエコシステムが機能するようにするには、どうしたらいいのだろうか。5つに絞って提示したい。

①起業家によるコミュニティーの形成

現在、スタートアップのコミュニティーの形成については、東京を中心に盛んになってきている。1つに、コワーキングスペースのように〝場所貸し〟をして儲けようという企業が増えているためだ。

だが、まだまだ発展途上である。そもそも、入居者同士の交流を促し、化学反応を起こし、新しい機運を生むためには、起業家のような人材が必要だ。彼らの「熱量」や、起業家の持つネットワークがなければ、なかなかコミュニティーは発展しない。

たとえば、エストニアのリフト99は、熱量もさることながら、エストニアのスタートアップ界の結節点にいるような起業家が中心になっている。

また、筆者が出会った中では、マレーシアのCO3は抜群に熱量があった。

彼らは、マレーシアを中心にコワーキングオフィスを展開するだけでなく、さまざまな交流事業も積極的に行い、1000社を超えるとも言われるマレーシアのスタートアップの受け皿になろうとしている。

CEOのヨン・チェン・フイ（YONG Chen Hui）は「われわれは、シェアオフィスではなくここを『ソーシャルオフィス』と名付けました。ソーシャル・ネットワーキング・サービス（SNS）のようなバーチャルな世界よりも、実際にお互いがふれ合える場（フィジカルな場）としての価値こそ重要だと考えたからです。ここからユニコーン企業を輩出したいのです」と話していた（2017年取材時点）。

CO3の共同創業者はヨンを含めて8人。事業で財を成している者もいれば、メディアの要人もいる。その起業家たちがそれまでに培った国内外の人脈を生かしながら、どんどんとコミュニティーを世界に拡大している。

一方、日本では行政主導のスタートアッププログラムが数多く立ち上がっている。だが、それも熱心な担当者がいるかどうかに依存する。属人的なケースが多く、数年でメンバーが異動・交代してしまい、一過性のものに陥りやすい。しかも、自治体ごとにバラバラに行われているため、県境を越えにくく、広がりに欠ける。

著名なベンチャーキャピタリストのブラッド・フェルドは、著書[8]で次のように述べている。「スタートアップ・コミュニティーの集まりで話をするとき、『この中に何人の起業家がいるか』と質問する。もし起業家がコミュニティーの半分にも満たない場合、根本的な問題がある」。その上で、「起業家がコミュニティーのリーダーでなくてはならない」と指摘している。

コミュニティーも会社のように、成長させていくスタンスがあるかどうかで差が出るし、やはりトップに起業家のいるコミュニティーは、世界を見渡しても、集まる人の本気度が違うのだ。

②起業家マインド育成とセーフティーネット

先にも示した総合起業活動指数（TEA）の推移をとったのが、次の図表3-7である。

図表3-7｜主要国の総合起業活動指数(TEA)推移

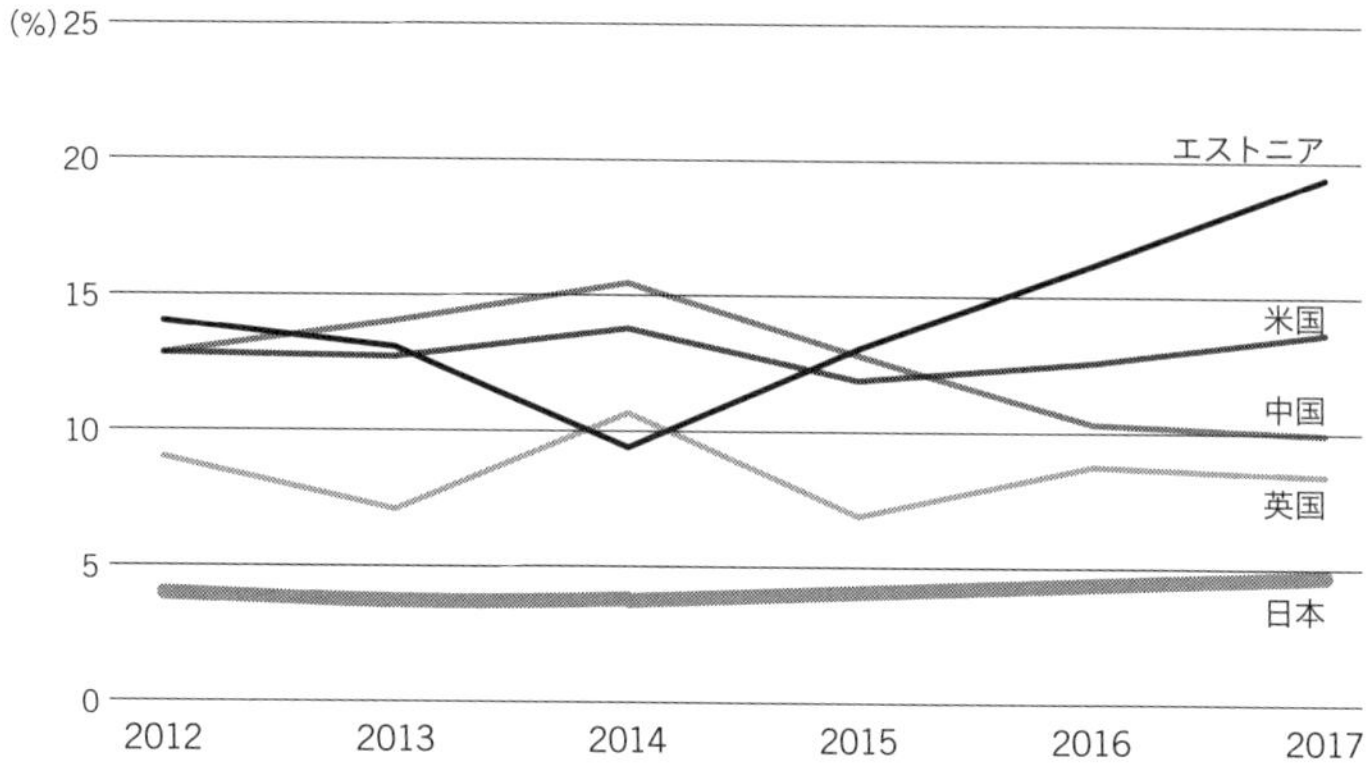

＊"GEM Global Report" の各年版を基に筆者作成。日本は2015、2016年のデータが欠損。
なお、日本の値は2001年以降、3%前後で推移

これを見ると、日本では起業家マインドがほとんど育っていないことがわかる。最近でこそ、メガバンクや大企業を辞めたり、霞が関の省庁を辞めたりしてスタートアップに移る例が出ているが、やはり、起業家マインドが育たないことには、次なるスタートアップは誕生しない。

とはいえ、ただ「起業家が必要だ」と言っても、そこに踏み出せる人は少ないだろう。日本の場合、特に「起業＝失敗したらどうしよう」という意識が根強い。そこで、起業家輩出を促すセーフティーネットが必要だろう。

そのヒントはフランスにあった。パリには、失敗した起業家を積極的に雇おうとするユニークなコミュニティーがある。それが、ファミリー（The Family）だ。

(8) Brad Feld, *Startup Communities: Building an Entrepreneurial Ecosystem in Your City*, Wiley, 2012（未邦訳）

ファミリーは、2013年に起業家の支援のために発足。英国やドイツにも拠点を持ち、スタートアップ企業が250社以上も参加している相互扶助的な組織である。

ファミリーのメンバーになると、コワーキングスペースを24時間利用できるだけではなく、アマゾン・ウェブ・サービス（AWS）を筆頭に、サービス開発に必要な各種クラウドサービスも利用できる。

ファミリーの真骨頂は、「人」による支援にある。起業家の育成を手掛けるだけでなく、職業訓練学校を設けて、スタートアップに就業したい人、つまり従業員向けの養成講座を開いているのだ。

注目すべきはその講師だ。ファミリーでは失敗した経営者、つまり〝しくじり先生〟を講師として雇っている。

講義だけではない。メンバーである他のスタートアップへの紹介やあっせんといった支援策も用意している。こうすることで、たとえ事業に失敗しても積極的に雇用の機会が与えられるのである。

スタートアップの支援に「攻め」のプログラムは多数あるが、「守り」のものはほとんどない。なぜこうした〝セーフティーネット〟が必要だと考えたのか。

ディレクターであるエリカ・バティスタは、「フランスにはグーグルやアマゾン、フェイスブックのような大きなIT企業がないのよ。そのため、シリコンバレーのような環境はまだできあがっていないわ」と話す（2017年取材時点）。

米シリコンバレーであれば、起業が起業を呼ぶエコシステムがあるので失敗してもあまり心配はない。「失業の翌日に職が見つかる人も少なくない」（シリコンバレーの経営者）からだ。

だが、失業率が10％を超えるフランスでは、米シリコンバレーのように次の仕事がすぐに見つかるわけではない。日本でも失敗すると「落第者の扱いを受ける」（スタートアップ経営者）が、その状況はフランスでも同じようなものだという。そのためファミリーは、「共助のモデル」を築いたというわけだ。

ファミリーがユニークなのは、家族の一員になるため起業家に対し株式5％の拠出を求めていることだ。つまり、株式が〝入会金〟の代わりとなり、メンバーが増えるほど、ファミリーは巨大な〝持ち株会社〟のような組織になる。すでに企業価値を合計すると10億ドル（約1110億円）以上の価値が生まれているといい、決して小さくはない。

守りがしっかりしていれば、攻めることができる。おそらく相互扶助的なモデルは、日本に合うモデルではないだろうか。

③規制当局とスタートアップの交流

ブロックハイブの例を、エストニア視点から考えてみたい。

日本という海外から来た、自国エストニアとは縁もゆかりもなかったブロックチェーン関連企業が、自国のスタートアップと組み、政府レベルのしかも重要なテーマについて検討するメンバーに入っている。日下さんは、エストニアでより企業がイノベーションを起こしやすい規制環境を整えるため、レギュレーションサンドボックスの策定アドバイザーまでも務めている。

果たして、いまの日本の役所が海外のスタートアップを受け入れる姿勢があるだろうか。彼らに耳を傾けるだけでなく、実際にその技術を生かして規制を変えていこうという気概があるだろうか。

そのためにも、当局とスタートアップが交わる場がもっと必要だろう。たとえば、シンガポール政府は、スタートアップ・コミュニティーができるとなれば積極的に顔を出し、どんどんと変えていこうという姿勢がある。筆者も、現地のスタートアップへのイベントやコミュニティーの場で、幹部クラスがその交流を積極的に行っている場を目撃している。日下さんは、「レギュレーション（規制当局）とイノベーション（スタートアップ）は手と手を取り合うべきだ」と話していた。この発想は日本でも必要だ。

④いきなりグローバルを目指す企業のネットワーク化

エストニアのスタートアップは「市場がもはや自国にはない」という前提に立って開発

に取り組んでいる。

日本はなまじ国内市場と言語の壁があるため、海外で流行ったアイデアを日本人向けに転換して、儲けることができた市場だ。古くは「タイムマシン経営」とも言われたが、それも国内需要の減少と伴い難しくなるだろう。

何より、日本は世界から見ても特殊なマーケットゆえ、国内に最適化してしまうと、世界で勝負にならない場合が多い。そのため、グローバルな視点で、サービスの開発や資金の調達、人材の確保などを行っていくスタートアップがもっと出てきてよいはずである。

中国のようにグーグルやフェイスブックを排除し、IT保護主義に走る線もなくはないが、現実的ではない。エストニアン・マフィアのように、日本にいる、いないにかかわらず、日本発の「いきなりグローバル」を目指す企業を創出・ネットワーク化し、支援すべきであろう。

筆者が会った中でも、海外で活躍する日本人起業家の考え方やその力はかなり学ぶことが多い。実はラティチュード59はエストニア人起業家たちの同窓会的な趣もあった。世界で活躍する彼らにとっては、年に一度のネットワーキングの場でもあったのだ。

⑤エコシステムのブランディング

世界には、エコシステムに関する都市の比較を行ったランキングがある。

たとえば、「グローバル・スタートアップ・エコシステム・レポート」（２０１７年版）によれば、１位米シリコンバレー、２位米ニューヨーク、３位英ロンドンとイメージしやすいところから、４位に中国の北京、６位にイスラエルのテルアビブなど新興勢力も入る。残念ながら日本は対象から除外されている。

こうした指標は、人材や資金調達などの状況から作られているが、ここで大事なのは、もはやシリコンバレーだけが主戦場ではなく、各都市間での「エコシステム競争」が激化しているということだ。

つまり、エコシステムを築くだけでなく、優秀な人材や著名な投資家を引き寄せる上で重要になってくるのが、「電子政府とエストニアン・マフィア」といったブランディングなのである。

その点、「フレンチテック」を掲げたフランスはブランディング成功国であろう。

フレンチテックが世界の注目を浴びたのは、２０１７年1月にラスベガスで開かれた世界最大の家電見本市「ＣＥＳ」でのことだった。エウレカパークと呼ばれるスタートアッ プが集まる場所に、フレンチテック約１８０社が結集。米国の約２００社に次ぐ数であり、しかも全企業が「フレンチテック」というラベルをつけて出展していたため、世界中のＩ

仏起業家が私財をなげうって作ったパリのステーションF（2017年10月撮影）

T関係者を驚かせたのである。

フランスは、2008年のリーマンショック以降、失業率が10％台という高い水準のまま推移していた。そこでフランス政府は2013年末、産業育成と雇用対策のため「フレンチテック」という政策パッケージを掲げたのだ。端的にいえば、フランス発のスタートアップを政府主導で支援、結集してブランディングし、世界に打ち出したのである。

民間もそれに呼応してスタートアップの活動が活発化している。2017年にオープンした約1000社のスタートアップの入居する「ステーションF」は、その象徴ともいえる存在だ。24時間365日オープンしていて、毎日4000〜5000人が行き来しているとあって、実際に見に行くと、圧巻の一言だ。(9)

（9）この辺りに興味のある方は、ダイヤモンド・オンラインの連載記事「シグナル　日本経済が見過ごしているもの」（https://diamond.jp/category/s-signal）もご参照いただきたい。

残念ながら日本はスタートアップというよりも、トヨタやソニー、任天堂といった大企業のブランドイメージが先行し、日本版エコシステムのイメージはない。やはり外国人から見ても、わかりやすいブランディングが必要だろう。ただそれは「クールジャパン」とは違う。

日本のエコシステムが働くことで、どのようなスタートアップが輩出されると期待されるのか、そのブランディングをしていくことが今後、重要となるであろう。

このように、エコシステムを整え、さまざまな課題解決に挑戦する人たちを増やしていくことがワクワクするような未来には欠かせない。

KEY

つまらなくない未来を描くためのカギ③

コミュニティーの中でともに成長する

いま、タクシー配車アプリのウーバーや民泊仲介サイトのエアビーアンドビー、フリマアプリのメルカリなどでは、取引終了時にサービス利用者と提供者が互いにクチコミ評価を送り、それによって、マッチングを円滑に行うようにしている。

これが個人の仕事にも及んでくるのは時間の問題だ。裏側にブロックチェーン技術が入り込むことで、その信用度を担保できるようになるからだ。するとウーバーやエアビーアンドビーのような大手プラットフォーマーを介さずとも、互いのクチコミ評価を正しく残すことができるようになる。

さらに、日下さんたちの取り組みのように、組織に属していたとしても、本人の信用が可視化される時代になる。これまでは、信用といえば、会社・組織を指すことがほとんどだった。たとえば、有名企業に勤めていれば、それだけで社会的信用を得られていたし、その名刺1つでさまざまな仕事ができたことであろう。個人よりもその会社・組織の信用に目が向けられてきたからである。

だが、組織に属する人間だとしても、個人の信用というものを意識せざるをえない時代を迎えている。言ってしまえば、学歴や職歴、出自といった履歴書に書く内容にとどまらず、それまで行ってきた仕事や活動が記録され、蓄積されていくのだ。

これはあらゆる業界、業種に及ぶことだろう。特に専門職であればあるほど、この傾向は強まるはずだ。そのとき意識すべきは、個人としての信用をいかに築いていくかではないか。

このような信用・評価経済が進展することは、実はエコシステムの話とも無縁ではない。スタートアップは、新たなアプローチで世の中の課題を解決しようと生まれた企業である。そのため、課題解決には、既存の知識やフレームワークでは太刀打ちできない場合が多い。逆にそれがビジネスチャンスとして、将来、大きな企業に変貌するかもしれないのである。

その生態系の中に生息するのは、何も起業家だけではない。投資家や研究者、ITエンジニアにデザイナー、メディアに行政関係者、起業家の支援者など、かなりの「幅」が必要である。逆に、その多様性や広がりがあればこそ、イノベーションにつながると信じられている。

すると、今後は、会社形態というよりも、よりプロジェクトチーム型で仕事が進んでいくことになるだろう。

孫泰蔵さんが「序章」で指摘した通り、スマートコントラクトの普及により、プロジェクト型チームで仕事を簡単に実現する時代が間もなく到来するのだ。

その際に必要なのは、個人としての信用である。「この人と組めば、これができる」。つながりの履歴（レコード）が個人の価値を決める。

その点、スタートアップのプロジェクトに参加する価値は増していくだろう。

スタートアップというと難しく感じるかもしれないが、何か大きな課題を解決する集団と考えればよい。ボランティアネットワークもその一種かもしれない。

いずれにせよ、そうした「生態系《エコシステム》」に入ることで、さまざまな課題に向き合うことになる。自分なりの役割や立場を明確にし、コミュニティーに参加していくことで、先端的な技術やアイデアを知ることができる。うまくいけば大きな金銭的な価値を得ることもできるだろう。

何より、そのようなコミュニティーに属す高い志を持った人とのつながりは、個人としての信用を築く上でも大きな価値を生むはずだ。ブロックハイブの例でも示されたように、信用はコミュニティーを介して伝播《でんぱ》していくからである。

逆にいえば、大企業に勤めていたからといっても安泰ではない。むしろ、コミュニティーに参加して（なければ築いて）、あなた個人としての信用を高めていくことが、すなわち成長につながり、これからの時代を生き抜く上で重要になっていく。

エストニアや世界で起きているエコシステム競争の現場からは、そのような未来が見えてくるのである。

第3章では、産業がスカイプの誕生によってデジタル化されたことで、エストニア流のエコシステムができあがったことを述べた。小国が自ら市場の壁を取り払い、経済圏を拡大したともいえるのだ。

この背景には当然、教育の力も大きい。次章でエストニアの教育に迫ろう。

第４章

AI時代でも活躍できる子を育むためにエストニアは何をしているのか？

——教育をデジタル化する。

4-1

なぜエストニアの教育は、世界トップクラスの学力を成し遂げたのか？

タリンの公立学校で行われる8歳からのロボット開発授業

「やったー！　先生見てよ、できたよ！」

エストニアの子どもが両手を挙げて、飛び跳ねて喜んでいた。自作のロボットがうまく障害物をよけてゴールしたからだ。

ここは、タリン第21学校（Tallinn School No 21）。１９０３年に設立された伝統のある公立学校だ。この学校でロボット開発の授業があると聞いて、見学させてもらった。

教室の入り口には「LEGO education innovation studio」と書かれた看板があった。教室に入ると、その中心にはロボットを動かす作業台が置かれ、その周囲には材料となるレゴブロックやプログラミング用のノートパソコンがあった。

作業台をのぞくと、そこには白地のシートに黒線が引かれ、おもちゃのタイヤが障害物

授業で開発したレゴのロボットを走らせる生徒たち

として積まれていた。ここはロボットが走るサーキット場だったのだ。

子どもたちは、パソコンでプログラムを組み、レゴで組み立てたロボットを動かしていた。コントローラーがあるわけではない。子どもたちの手から離れたロボットは、自律的に障害物をよけたり、物をつかんだりして、ゴールに向かっていった。

ロボットが思い通りに動かなかったら、子どもたちはパソコンに戻り、プログラムを改良。そして、うまくいったときは大きな声を上げて喜ぶ。教員が1人1人のペースに合わせて声をかけながら授業が進んでいった。

タリン第21学校は、小・中・高校一貫教育を行っており、40クラス以上計1300人超の生徒が学ぶという、エストニアでも珍しい大規模な学校の1つである。

エストニアでは、7歳から9年間の義務教育が行われる。初等レベル（小学校）が4年間、中等レベル（中学校）が5年間だ。その後、高校（3年間）、大学と進む。

この第21学校では、8歳からロボット開発の授業が必修科目だ。対象は、第3学年から第6学年で、週1回45分のコマである。筆者が見学したのは12～13歳の授業風景だった。

このロボットは、レゴ社が提供するプログラミング教材を用いている。ロボットの外側はレゴブロックで組み立て、ソフトウエアで制御するのだが、これを独自の教材として開発したのが教員のラスマス・キット（Rasmus Kits）だ。

ロボット授業を担当するラスマス・キット

ラスマスに授業の目的を尋ねると、彼は「ロボット開発を教えることそのものが授業の目的ではないのです」と答えた。その目的は大きく2つあるという。

まず、生徒たちが大人になったときに備えることだ。「洗濯機すらもスマートフォンで操作する時代になるわけですから、プログラムがどのように動いているのか理解しておく必要があります」(ラスマス)。つまり、コードを書くとプログラムとしてどう動くのか、その構造を理解するということだ。

次にラスマスは、課題解決方法としてのプログラミング的な思考力を身につけてもらいたいと述べる。

「生徒たちは今後、人生において大きな課題に立ち向かうことになるでしょう。そのとき、大きな課題を小さく分解して、解決する力を身につけてもらいたいのです。それはコンピューターのアルゴリズムを体系的に考える力が役に立つでしょう」

ラスマスは、エストニアでも珍しく、IT業界から教員へと転身した人物だ。大病を患ったとき、エストニアの無料医療システム[1]に救われたといい、その恩返しとして子どもたちの教育に携わりたいと考えたという。

30代も後半になって教員になったラスマスは「1コマの準備に4〜8時間近くがかかるし、教員というのは簡単な職業ではないですけどね」と笑うが、そんな熱心な教員が現場を支えている。

このように、ロボット開発を授業で取り入れるなど先端的な教育を行うエストニアにいま、世界的な注目が集まっている。

それでは、エストニアの教育とはどのようなものなのか。

PISA3位の実力
エストニアの教育とは

図表4-1｜PISAスコアの主要国順位

国名	読解力 2009	読解力 2012	読解力 2015	数学 2009	数学 2012	数学 2015	科学 2009	科学 2012	科学 2015
エストニア	13	11	**6**	17	11	**9**	9	6	**3**
日本	8	4	**8**	9	7	**5**	5	4	**2**
米国	17	24	**24**	31	36	**40**	23	28	**25**
ドイツ	20	20	**11**	16	16	**16**	13	12	**16**
シンガポール	5	3	**1**	2	2	**1**	4	3	**1**
フィンランド	3	6	**4**	6	12	**13**	2	5	**5**

*“OECD PISA Results” を基に筆者作成

エストニアの教育が一躍、世界で注目されるきっかけがあった。2015年にOECDが行ったPISA（学習到達度調査）である。この調査でエストニアは、教育大国フィンランドを抜いて、欧州トップとなった。科学では世界3位にまでなったのだ。

PISAとは、世界72の国・地域における生徒約54万人を対象にした、大規模な国際調査である。その対象は、義務教育の終了段階にある15歳の生徒で、2000年から始まり、3年ごとに行われている。特に「読解力」と「数学的なリテラシー」、「科学的なリテラシー」の3つの力を測定、点数化しており、各国の教育水準が比較できるよさがある。

エストニアは、この3つの力をいずれも伸ばしている。過去3回の調査結果からも、読解力は13位→11位→6位、数学は17位→11位→9位、科学は9位→6位→3位と上昇基調なのである（図表4―1）。

その中でも、2015年の科学力のスコアに注目

（1）診療科目によってはすべて無料ではない。

図表4-2｜PISAスコアと1人当たりGDPの関係図

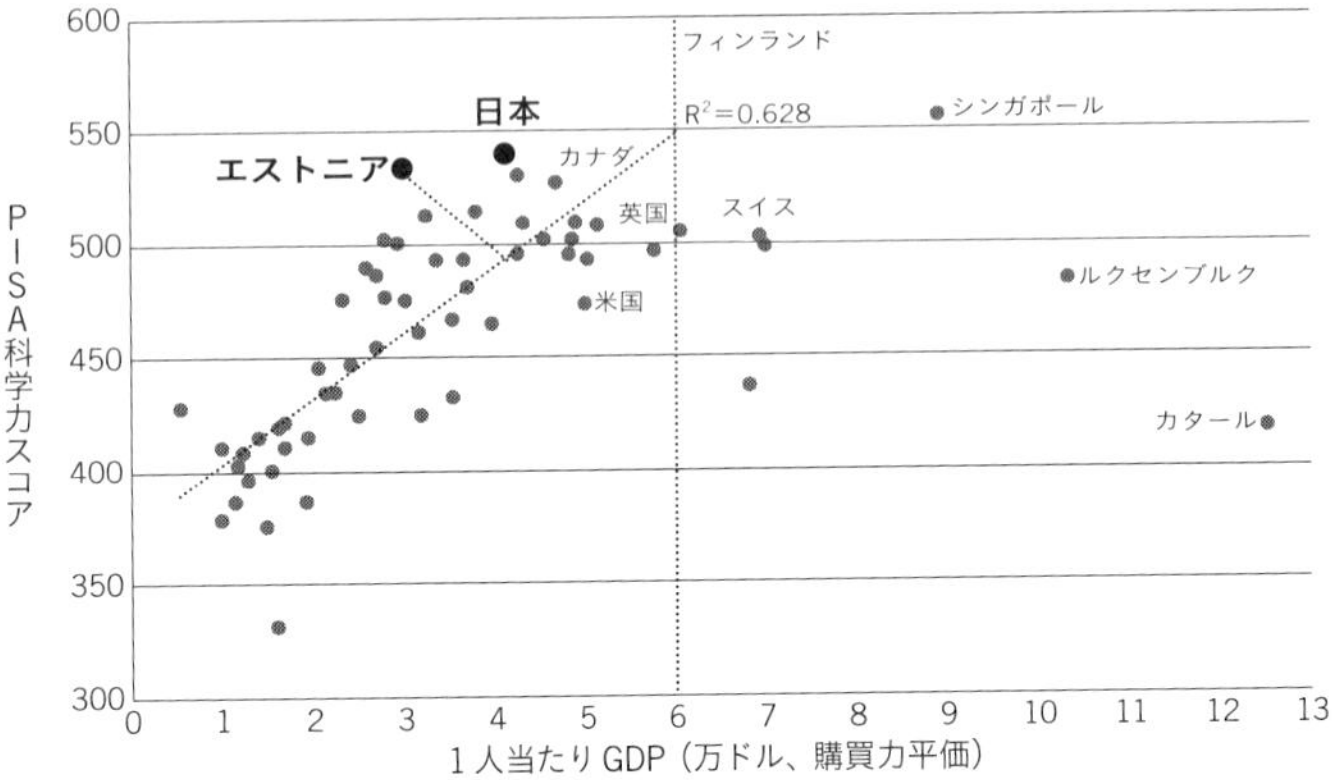

＊"OECD PISA Results" やOCEDのデータを用いて筆者作成

し、1人当たりGDP（購買力平価）との関係を見たのが図表4-2だ。

1人当たりGDPとは、国民の豊かさの度合いを示しており、6万ドルの水準までは豊かさと教育水準に緩やかな正の相関が見てとれる。

その点、エストニアの経済力はまだ小さいものの、その中で、科学力のスコアが突出していることがわかる。

第1章で述べたように、エストニアの1人当たりGDPが1993年以降、5倍以上伸びていることからも、少ない資源でより効果的に教育を進めてきたことがうかがえる。

エストニアの教育は、成績順に学校が決まり、ときに進学を諦めなければならない徹底的なエリート教育を行うシンガポールとは違う。大学受験をゴールとした暗記中心の学習スタイルの日本とも違うようだ。

それではエストニアの教育レベルの上昇は、なぜ起きたのだろうか。

歴史的に高い識字率
独立後の西欧化がさらなる追い風に

もともと、エストニアの教育水準は歴史的に見て高いと言われてきた。

さかのぼること約400年前の1632年、スウェーデン支配時代に、タルトゥ大学が開かれたところから教育への注力が始まった。

当時、宗教改革によってこの地域ではルター派が広まった。そこで、信徒が聖書を読めるようにと、教会が中心になって積極的に識字教育を進めた。帝政ロシア時代もその流れは続き、18世紀には農民2人に1人が読めたという調査があり、1922年の国勢調査でも、住民の90%は読み書きができたという結果[2]が出ている。

その学力の高さには旧ソ連も一目置いていた。ソ連内でも、とりわけ数学的な思考力の高さが目立っていた。そこで軍事研究施設が置かれ、暗号技術の研究が行われたのだ。他にも、もともと先端研究を行うタリン工科大学やタルトゥ大学があった。これらが後のI

(2) OECDのレポート"PISA 2015 High Performers"

T技術者の輩出へとつながっていった。

さて、そのエストニアはソ連からの独立を果たしたとき、教育の方針を180度転換する。1996年からは新たなカリキュラムが導入されたのだが、そのときに強調されたのが、次の項目だった。

問題解決力（Problem Solving）
民主的な意思決定（Democratic Decision Making）
批判的思考力（Critical Thinking）
個人的責任の自覚（Awareness of Personal Responsibility）

工業社会から情報社会を迎えたいまでこそ、重要だともてはやされる考え方ばかりだ。エストニアは西欧化を図る狙いもあり、時代を先んじてこうした新たな教育を推進していった。

同時に進めてきたのが、学校への権限移行であった。個々の学校には、教員や職員の雇用や解雇を決める人事裁量が与えられ、財政面を含めて学校の運営計画を決定できるようにした。

当時、特に参考にしたのが、隣国の教育大国フィンランドの制度だった。

フィンランドは、１９９４年に当時29歳の教育大臣が就任し、大胆な教育改革を行った。教師の質を学部卒から修士卒へと高め、中央から地方へと権限委譲が行われた。教育現場である学校やそこで働く教師に大きな裁量を与え、授業で使う教科書を教員自らが選べるようになった。生徒のために何ができるかを現場が必死で考えるようになり、これが教育大国へと至る大きな要因になった。

フィンランドの影響を受け教育現場に裁量を与えた

エストニアの教育事情に詳しい、エデ・シャンク・タムキヴィ（Ede Schank Tamkivi）は、「エストニアの学校では、カリキュラムのおおよそ20％に選択科目が認められているのよ」と話す。それによって、授業を柔軟に統合・整理することができ、効率化を図ることができた。

エストニア在住の日本人によると、一般に選択科目というと、第３学年以降の科目を指すという。具体的には、英語以外の語学（フランス語、ドイツ語など）やアート、ダンス、アクト（演技）、ロボティクス、メカニクス（車が修理できるようになるレベル）などが選べる。

ただし、内容は学校によってばらつきがある。たとえば第21学校では、必修科目になる前からロボティクスが選択科目として導入されていたという。

「IT教育は、一般的には選択科目だけど、たとえばね、数学の授業の中で、ソフトウエアを使ったIT教育をしてもいいわけよ。実際、三次元の図形画像をモデリングする数学の授業をしたことがあるわ」(エデ)

エデがエースティ2・0(Eesti2.0)という非営利団体を通じて行ってきた取り組みは後述するが、彼女の言葉からは、現場のカリキュラムに柔軟性があることで、現場で先進的な教育を取り入れる余地があるとわかる。学校側にとっては、他の科目よりも優先度が落ちてしまいがちなIT教育を、他の必修科目と融合することで、受け入れやすくしている。

もっとも、生徒にとっても、ITのみならず選択科目が豊富にあるため、興味に合った授業を選べる。工作が苦手ならそれをやめて音楽にしてもいい。コロコロと変わる子どもの興味・関心に対応できるのも大きい。

一方で、第21学校の学校見学をした際、教員が白板の前に立って生徒がそれを聞くという伝統的な授業スタイルを見かけた。その光景は、自由なフィンランドというよりは日本の学校に近い印象だ。

エデは「そうね」と、次のように加える。

「友人の子どもがフィンランドの学校に通っているのだけど、フィンランドの教育では子どもに自由を与えすぎて、教員の威厳がなくなってしまったの。どんなにうるさくても教員は子どもに『黙りなさい』と言えない。だから、その子は『授業で集中できない』と言っていたわ。その点、エストニアは教員の威厳も守りながら、フィンランドのいいところを取り入れたのよ」

第21学校のミーリス・コンド学長

フィンランドは、エストニアの目と鼻の先にある国なので、両国は文化的に近い。エストニアは、フィンランドの教育政策を研究しながら、独自の政策として進化させたのだ。では、現場側はどう捉えているのか。
第21学校の学長（ディレクター）、ミーリス・コンド（Meelis Kond）は、筆者らの訪問を歓迎し、その上で次のように述べた。

「それぞれの学校が自身にとって最もよいことは何かを考えて決められます。上（国）が下（現場）に『何かをやれ』と言うことはありません。同様に、何か現場で課題があれば、教員たちも自由に解決策を探すことができるのです」

つまり、学校にとっても、教員にとっても、裁量があるということである。冒頭のロボット授業は、まさにこの考え方が表れていたのだ。

中央が縛ることはしない
分権化が進んだ教育行政

エストニアは独立後、英語学習も盛んに取り入れてきた。第21学校の場合、外国語の授業は第2学年から始まり、「卒業生の75〜80％はC1、C2に達します」（ミーリス学長）。C1は欧州で使われるレベルで、日本でいうと英検1級レベル、C2はネイティブ並みなので、かなり高い水準だ。

もちろん、それを待たずに幼稚園から学び出すことも普通である。筆者が会った中で、エストニアの20代、30代で英語に不自由している人はいなかった。一方で、独立前に学校

ITだけでなく伝統文化や音楽・芸術への教育も注力していた

教育を終えた50歳以上には、英語が苦手な人も少なくなかった。明らかに教育効果の賜物だろう。

英語化は、マーケットの小さいエストニアが西欧化を果たす上で欠かせなかった。学校で先端的な知識を学ぶにも、エストニア語への翻訳書や翻訳教材が少ないため、何かを学ぶためには英語の教材を使うしかなかったという事情もあった。

もっとも、ミーリス学長は「英語は教えるだけでなく、いかに使う場を用意するかです」と強調していた。

子どもたちはＩＴに親しんでいるので、オンラインで学ぶことに抵抗がない。たとえば、英語がわからなければ、英語教材はオンライン上にいくらでもある。彼らからすれば、英語のドラマや映画などを観たりするのは自然なことだ。何も学校の教員だけが「先生」というわけではない。

第21学校を見回すと、他に文化、芸術への教育も熱心に行われていた。毎年、文化週間として、各国にちなんだ芸術作品を生徒たちが作っており、日本をテーマにした年もあったという。筆者が訪れたときは米国をモチーフにした作品が数多く飾られ、伝統的な踊りの練習をしている場面も見せてもらった。

なお、エストニアは、日本のように無宗教の国といってもよい。2011年の国勢調査では54％が無宗教と回答。30歳未満の若い人に至っては、8割が無宗教という結果もある。(3) 宗教上の壁がなく、国民がさまざまな文化を取り入れることへの抵抗感が少ないということも、加えておこう。

このように、日本のように学習指導要領に教育現場ががちがちに縛られていない分、特に新しいＩＴ教育を取り入れる素地があるのだろう。公立ながらラスマスのような教員が雇えるのも現場裁量があるためだ。ここでも、電子政府や産業で見たような「分権」の概念が入っているのが面白い。

さて、電子政府化と併せて、現場に裁量を与えながらも、エストニアは国家としてＩＴ教育を積極的に進めていく。これが後のＩＴ立国へと大きな影響力を与えることになる。

4-2

IT・プログラミング教育は何をもたらしたか

パソコンを全学校へ普及
プログラミング教育もスタート

すべての学校にパソコンを配備してインターネットを接続する――。

パソコンの価格が平均月給の4~5倍する時代、エストニアの学校にパソコンとインターネット環境を整えようと、1996年に発表されたのがこの「タイガーリープ」と呼ばれるプログラムであった。独立して数年しかたっておらず、経済が安定していない当時の状況を考えると、これは国家として大きな決断だった。

だが、この決断は大きな果実をもたらす。パソコンとインターネットの普及がどんどん進み、その後8年間で、コンピューターサイエンスの授業が全学校の84%にまで入ることになった。(4)

(3) セント・メアリーズ大学による"Europe's Young Adults and Religion"
(4) "From the Educational Tiger Leap Program to the ICT Startup Booming in Estonia"

エストニアの子どもたちにとっては、パソコンやネットが身近なものとなり、中にはホームページの作成やイーコマースサイトの開発などを行う生徒も出てきた。

２０１２年からは、プログラミング教育が始まり、まずは20ほどの学校で試験的に導入された。結果的に全校導入は見送られ、採用は学校の判断に委ねられた。エストニアでは全校でプログラミング授業が必修というわけではないが、その多くが選択科目として入っていく。

プログラミング教育を通じては、批判的思考や問題解決能力、創造力や協調性を育成する狙いがある。本章冒頭のロボット開発授業も、この選択型プログラミング教育の発展した姿であったのだ。

とはいえ、一般教員にとって、ＩＴを使ったり教えたりするのは、日本と同様に苦手意識が強かった。

そこで、現在は「教育のための情報技術財団（ＨＩＴＳＡ）」という団体が中心となって人材教育を行っている。大学や通信会社、ＩＴの専門家など民間が加わっている団体から、派遣されて先端的な技術を学べる体制がある。第21学校にも、そのような外部の人が教えにくるのだという。

ＩＴの環境が整ったことで、ＩＴ教育自体が進むだけでなく、問題解決能力や論理的思考力、そして科学的な思考力も備わっていったと考えてよいだろう。

エストニアの教育の本質は、タイガーリープだけではない。それが教員と家族、生徒をつなぐコミュニケーションツールの発達だ。中でも「イースクール」という取り組みは、示唆に富んでいる。

親の責任を明らかにした電子教育システム「イースクール」

「これを見てごらん。子どもの成績と先生のコメントがあるのがわかるだろう」

前政府ＣＩＯのターヴィ・コトカが示したスマートフォンの画面。そこには、ターヴィの子どもの名前と、テストの成績が映し出されていた。

教員からは「よくできています」というメッセージがあり、その子のスコアがクラスのどこに位置するのかがわかる、成績の分布（ヒストグラム）も示されていた。

これは、「イースクール」という学習用ツールであり、２００３年に始まった、エストニアの電子教育の考え方でもある。

このツールを用いることで、子どもの成績だけでなく、出欠や宿題の状況、時間割などを包括的にオンライン上で確認することができ、学校とのコミュニケーションも図れる。テストの結果は、電子的に記録されており、いつでも親が確認することができる。そのため、子どもが赤点のテスト用紙を丸めて捨てる光景はない。

両親や生徒たちは基本的にツールを無料で使えるため、いまやエストニアの教育現場で一般的に利用されている。このツールだけでも日常的に20万人以上が使っており、85％の学校に導入されている。無論、学校によっては他のシステムを使うところもある。

これにより、日本のような保護者への連絡が基本的にプリントということがない。プリントが大量に配布され、それを読み解かなければならないという〝プリント地獄〟に悩まされる心配もない。

一見、子どもたちからすれば、すべて把握されて大変そうに感じるかもしれないが、ターヴィは「すべてにおいて透明性があるということが大事なんだ」と言う。

ふだんの成績が記録として残っているため、成績不振になったとしてもその時期や原因を特定できる。

ターヴィは、そこに親の役割があると指摘する。子どもが学校でどのようなテストを受けているのか。どのような結果を出しているのか。そして、教員からのコメントまでつく。そこまでの情報があるので、家庭で親が教育に対して責任を持って対処できる。データや考える材料が共有されているのだから、親も教員のように子どもの学校生活を考えられるのだ。これは特に低学年の子どもを抱える親にとっては有用だろう。

情報公開が進む
教育でも透明性が大事という姿勢

一方で、成績の記録をメッセージつきで残すなんて、教員の負担が大きいのではないか。それに対して、ターヴィは首を横に振る。

「学校で何があったのかがわかるので、先生も親に説明の時間を使わなくてよいんだよ」

実際、教員との面談に時間を使うことがほとんどないという。

この点は、複数のエストニア人の親に尋ねたが、おおむね同じ意見だった。他にもフェイスブックのグループ機能やチャットツールを使ったり、送迎時に立ち話をしたりして、先生とコミュニケーションを図っているという。

ある学校に子どもを通わせる日本人の母親は「うちのクラスは生徒が約20人しかいませんが、先生が2人ついてくれています。年齢もバラバラです。1人の先生が生徒を見ながら、1人の先生がパソコンに向かう光景も見ました」と話す。1人が教え、1人が入力作業をすることもある。

http://www.haridussilm.ee/?leht=alus_yld_8

Results of state examinations

school year	school or criterion	exam	N	LCL	Mean	UCL	Median	MIN	MAX	Standard...
2016/17	5st väiksema eksaminandide arvuga koolid kokku	Eesti keel teise keelena riig...	30	89	92	96	96	65	100	9
2016/17	EBS Gümnaasium	Eesti keel teise keelena riig...	6	66	88	110	98	46	100	21
2016/17	Eesti	Eesti keel teise keelena riig...	1177	77	78	79	84	15	100	19
2016/17	Ehte Humanitaargümnaasium	Eesti keel teise keelena riig...	26	69	76	84	83	34	97	19
2016/17	Eurogümnaasium	Eesti keel teise keelena riig...	22	58	67	77	74	26	99	22
2016/17	Haabersti Vene Gümnaasium	Eesti keel teise keelena riig...	36	48	55	61	54	22	88	19
2016/17	Harju maakond	Eesti keel teise keelena riig...	706	76	78	79	84	15	100	19
2016/17	Ida-Viru maakond	Eesti keel teise keelena riig...	367	75	77	79	83	21	100	18
2016/17	Jõgeva maakond	Eesti keel teise keelena riig...	10	62	75	88	82	44	95	18
2016/17	Jõhvi Gümnaasium	Eesti keel teise keelena riig...	57	73	78	84	82	27	99	21
2016/17	Keila Kool	Eesti keel teise keelena riig...	11	90	93	95	93	86	99	4
2016/17	Kiviõli 1. Keskkool	Eesti keel teise keelena riig...	11	69	78	86	80	58	91	12
2016/17	Kohtla-Järve Ahtme Gümnaasium	Eesti keel teise keelena riig...	54	76	81	86	87	39	100	17
2016/17	Kohtla-Järve Järve Vene Gümnaasium	Eesti keel teise keelena riig...	35	76	82	87	86	38	99	16
2016/17	Kool 21. sajandil	Eesti keel teise keelena riig...	33	57	64	71	64	19	97	21
2016/17	Lasnamäe Gümnaasium	Eesti keel teise keelena riig...	34	70	75	80	74	33	96	15
2016/17	Lasnamäe Vene Gümnaasium	Eesti keel teise keelena riig...	39	56	62	69	63	30	95	21
2016/17	Lääne-Viru maakond	Eesti keel teise keelena riig...	4	73	91	109	96	74	98	11
2016/17	Maardu Gümnaasium	Eesti keel teise keelena riig...	10	65	76	87	76	48	96	15
2016/17	Narva Keeltelütseum	Eesti keel teise keelena riig...	30	84	87	90	89	66	96	7
2016/17	Narva Kesklinna Gümnaasium	Eesti keel teise keelena riig...	36	67	73	80	78	28	99	20
2016/17	Narva Kreenholmi Gümnaasium	Eesti keel teise keelena riig...	41	58	65	71	62	21	97	21
2016/17	Narva Pähklimäe Gümnaasium	Eesti keel teise keelena riig...	35	75	79	84	86	54	98	13

エストニアは統計情報がオープンで、学校別の成績ランキングも見られる
https://www.haridussilm.ee/

さらに、政府の運営する「エストニア教育情報システム」がある。これは、生徒・学生、教員、教育機関などの教育情報を統合した情報データベースだ。

第1章でも述べたように、エックスロードでデータベースがつながっているため、教育関連データが一元化されている。これは、教育推進政策を行う上で、さまざまな判断材料となる。

たとえば、エストニアでは、年に1回の国家規模で行われるテストがある。その結果は学校別にすべて公開されている。もちろん、順位も成績もウェブ上で見られ、ソート（並べ替え）も簡単にできる。教育現場はやきもきするようだが、それによって教育の透明性を高めているのである。

余談だが、日本にも40億円以上をかけて行う「全国学力・学習状況調査」がある。だが、県別や市区町村別の結果を眺めるだけで終わりだ。「個々の学校の力が把握できず、論文用の統計データとしてはまったく役に立た

ない」（統計専門家）という残念な状況だ。

タイガーリープとスカイプの成功、イースクールの推進によって、ITに親しんだエストニアの若者は、将来も情報通信関連の仕事に就きたいと考えるようになった。エストニアではIT人材不足のため、ITを学ぶことが就職に有利になる。このこともあり、ITを学ぶ意欲はさらに高まっている。

給料も高くロールモデルもいる　IT分野のキャリアを求める若者

OECD加盟諸国に比べ、2倍以上の若者がITのキャリアを追い求めている――。

PISAでは「30歳になったときにどのような職業に就いていると考えられるか」と尋ねた調査項目がある。調査対象が15歳児なので、6割近くは将来について明確な目標を持っているわけではない。

ただ、その中でも、エストニアはIT専門家への道を目指す人が全体の8・1％に上っている。これはOECD平均の2・6％（日本は2・4％）を大きく超え、OECD内でトップである。

特筆すべきは、2006年調査で4・3%だったのが、3・8ポイント増加したことだろう。伸び率や全体の比率のいずれも、OECDトップなのである（PISA2015調査結果より）。

特に、科学分野でトップの成績を残した生徒のグループで見ると、全体の12・5%がIT専門家を目指す意向があると答えている。当然、OECD内で最も高い値であり、優秀層は「IT専門家を目指したい」と考えていることが裏付けられた。女子についても、OECD内で最もIT関連への就職希望が高いという結果が出た。

ある若手の起業家は、幼少期のタイガーリープの影響が大きかったと言い、「学校にパソコンが来たから、それを使っているうちに自分のパソコンが欲しくなって、親にせがんで買ってもらったよ」と語る。さらに、「スカイプ関係者が友人や親戚をたどればすぐに見つかるから、ロールモデルもあったんだ」と述べる。

さらに「ロールモデルとなる女性が増えている」とエストニア人が口をそろえる。

エストニアでは、女性がIT系スタートアップのトップであったり、プログラマーであったりと、社会で活躍する姿が目立つ。女性大統領を筆頭に、女性が活躍しやすい社会でもある。

図表4-3　主要業界別の平均年収

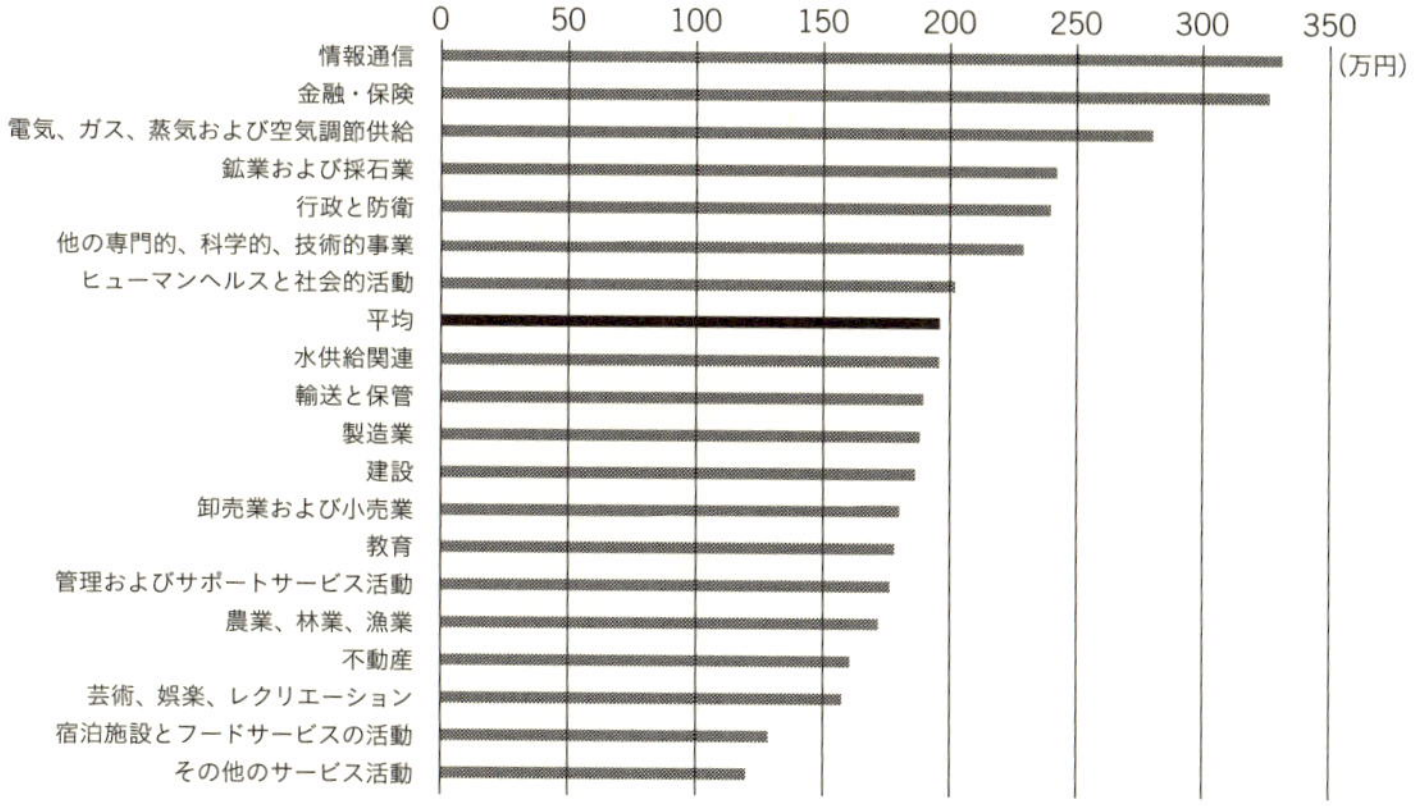

＊Statistics Estonia "In the 2nd quarter, the growth of average wages and salaries slowed down" より筆者作成。2017年第2四半期〜2018年第2四半期の月額平均に12か月をかけて年収換算にした。1ユーロ130円換算

何といっても、エストニアにおいては、情報通信分野の給料が他の業種と比べて高い。図表４－３に示すように、情報通信業界は、平均より１・７倍の給料を得ていて、トップにあることがわかる。つまり、ＩＴを学ぶことが明らかに有利に働いていて、それが子どもたちにも伝わり、女性を含め、人材の裾野が広がっているのである。

教育のＩＴ化がもたらしたのは学習機会の平等化

これまで見てきたように、小国ながらＩＴで生きていくと決めた政府と、それに応じた教育が行われてきたことで、産業も呼応して成長してきた。

プログラミングが身近になり、新しいロールモデルが生まれ、学ぶ意義が明確化され、次なる人材が育つという循環が働いているのだ。

タイガーリープをはじめとしたＩＴのインフラ化がもたらしたのは、教育機会の平等化である。エストニア教育研究省からは「２０２０年までには、すべての学習をデジタルで行えるようにする」というメッセージが２０１５年時点で出されている。つまり、電子政府と同様に、時間と空間を飛び越え、子どもたちにいつでも、どこでも、ＩＴを代表とする先端的な学習内容に触れる教育機会を与えてきた。

さらに、エストニアは、不況下でも、２００５年から２０１２年にかけて学生１人当たりの教育費を30％増やし、過去5年で教員給料を40％増やした[5]。

実はＰＩＳＡが上位にあるのは、このように教育投資を続け、平等化を推し進めてきたことによる底上げ効果があるようだ。

また、エストニアの中にはロシア語系学校が数多く存在する。そこはいわば独立後、教育面で取り残されてきた地域であった。ロシア語系の学校の生徒とエストニアの学校の生徒とでは大学生になるまでは、「交流が断絶されている」という話も聞いた。

それが近年では、教育格差をなくしてきたことで、全体として底上げされたという。ＰＩＳＡ２０１５では受験した学生の2割程度がロシア語系で、そこが上昇したことも１つの要因だ。

さて、ここまでＰＩＳＡを強調してきたため、教育に詳しい方であれば「日本だってトップクラスではないか」という点が気にかかっているかもしれない。日本との違いはどこにあるのだろうか。それは、第3章でも見てきたように、常識にとらわれずに新たなものを生み出そうとする姿勢やそのマインドセット、チャレンジする姿勢の差だ。いわばアントレプレナーシップ（起業家精神）において、大きな差があるのではないか。

これは単なる学校教育だけでは身につかないかもしれない。実はエストニアには、そのアントレプレナーシップを育む環境が存在していた。

（5）ＰＩＳＡ分析調査（2016年）https://www.hm.ee/sites/default/files/pisa_2016_booklet_eng.pdf

4-3 アントレプレナーシップを育む「環境」をつくる

小さな発明がもたらした大きな成功体験 気鋭の起業家はどう生まれたか

「起業家になりたいなんて、これっぽっちも考えていなかったわ。なら、どうして起業家になったのかって？　偶然よ、偶然」

金髪のボブカットに赤いメガネがトレードマークのカロリ・ヒンドリクスは、そう言って笑みをこぼす。彼女こそ、エストニアを代表する女性起業家の１人である。

グローバル求人サイトのジョバティカル（第２章参照）を展開する若手ＩＴ起業家であり、子育て中の母親でもある。過去には、多国籍企業の現地社長経験もある。そして、「デジタルノマドビザ」を政府とともに世界に広めようとしている彼女は、情熱的で存在感があり、エストニアのロールモデルになっている。

世界中どこでも働けるという新しい働き方を提唱するジョバティカルのカロリ・ヒンドリクスCEO

そんなカロリが起業家になったのは16歳のとき、学校のあるプログラムに参加したことがきっかけだった。それが「ジュニア・アチーブメント（Junior Achievement）」。1919年に米国から始まった、経済や企業経営を学ぶための教育プログラムである。

1990年代からエストニアに浸透していったジュニア・アチーブメントは、現在200を超える学校が参加するまでに拡大。2017年には、40か国30万人が参加する欧州大会の頂点で、エストニアのチームが優勝した。それだけ、教育現場でも活発に取り入れられているビジネスコンテストである。

当時、カロリのクラスも、このプログラムに参加することになった。そのとき、クラスの投票で〝社長〟に選ばれたのが、カロリだったのだ。「社長と言われても、よくわからなかったわ」（カロリ）と、本人も予期しない人選だったという。

その頃の季節は秋で、すぐに暗くなる時期だった。子どもたちは安全のため歩行者用の反射材を身につけていたが、それが「イケていなかった」ことに目をつけた。

カロリたちは、スポーツユニフォームのように着られる、オシャレなデザインの反射材を考案し、父親の勧めで特許事務所に出向くことになる。とはいえ、10代の子どもが特許事務所に入ってきたものだから、事務所の人は「若い子が何をしに来たんだ」と怪訝な顔をしたという。

それでも、この案が特許として申請できるとわかると、カロリは父親からお金を借りて、特許（実用新案）を取得した。そうして彼女は当時、エストニア最年少の「発明家」になったのである。

しかも、この案はエストニア大会で賞を取り、上位大会の欧州大会では数千人の前でプレゼンテーションをした。その後、本当に会社を設立し、この反射材を販売した。北欧を中心に実際に大きな売上を立てたことで、彼女はエストニアだけでなく欧州でも名の知れた「ヤングアントレプレナー」になる。

カロリは、「偶然だったとはいえ、10代で人と違うアイデアを生むことの重要性を理解したわ。違いを生むというのは、実は簡単なことなのよ。むしろ、違いを生かすことがすべて、と言ってもいいわ」と語る。

この10代の成功体験が彼女を起業家にする大きな原動力となったのだ。

新しい時代を切り拓く「違いを生む」ちから

エストニアでは、カロリの言うように「違いを生む」ということが競争力になることが理解され、広がっている。これは日本で言う「個性を大事にする」という意味合いとは少し違うようだ。

グローバルな社会に出たときに、小国エストニアの存在感をどう示すのか。

あるエストニア政府関係者は「グローバルな会議に出て、『エストニアってどこにあるの』と言われることなんて日常茶飯事さ。やっぱり、悔しいよね。私たちの存在感を示したいというのが根底にはあるんだよ」と語る。

知名度もない国がどこで違いを生み、どこで勝負するのか。エストニアの子どもたちは、アントレプレナーシップという文脈の中で、一種の競争戦略を小さい頃から考えているようにも見える。これが他との違いを考えて、新しい発想やスタートアップを生むことにつながっているようだ。

実際、独立前は「アントレプレナーシップ」という言葉もエストニアの辞書になかったというが、いまでは授業の科目名やコースの名前になるなど、自然に受け入れられている。

そうはいっても、やはりスタートアップは日本でも馴染みがまだまだないように、エストニアでも2000年代ではまだ、遠い存在だった。

それに対して、2008年から始まる清掃キャンペーンは、国民でスタートアップ的思考とは何かを理解した体験だったようだ。大きな課題をどう解決に導くのか、そのマインドセットが変わったユニークな話をお伝えしよう。

無謀なアイデアを実現したエストニアの大清掃プロジェクト

エストニアの森林に捨てられた不法投棄の粗大ゴミを1日できれいにする——。

もともと、エストニアは、国土約4・5万平方キロメートルのうち51％が森林に覆われ、人口は約130万人しかいない。日本の九州7県の面積とほぼ同じながら、人口は九州の

10分の1程度である。

郊外では人目につかないためか、廃タイヤやテレビ、ソファなどの粗大ゴミが大量に捨てられていた。美しいはずの森林にゴミの山ができていることに、多くの国民が心を痛めていた。

2007年、環境保護を打ち出した政党が議席を獲得し躍進した。そこで当時の国会議員がIT起業家たちと手を組んで清掃キャンペーンを行おうとした。

ただし、当初案では3、4年ほどかけて森をきれいにするものだった。起業家たちは、そんなに何年もかけるものではないと言い、「1日でやってみよう」と持ち掛けた。

1日で行うには、少なくとも4万人の人手が必要だと試算。「1日で4万人を動員する清掃キャンペーンをどう実現したらいいのか」。彼らはそう課題を設定し、知恵を働かせた。

4万人といえば、エストニアの人口の約3％に当たる。日本の人口に換算すると350万人の規模感なので、いかに無謀なチャレンジだったかがわかるはずだ。

最初に行ったのは、プロフェッショナルを集め、信頼できるパートナーを巻き込むことであった。草の根的にこの活動の意義を訴え、賛同したNGOやIT専門家、政治家やメディア関係者を次々に集めていった。

次に、ITを活用した。グーグルの地図サービスを利用したシンプルなソフトを開発。

ボランティアが森中を歩いて、ゴミの状況を確認し、モバイル端末でその情報を地図上に投稿。マッピングで、どこにどの程度のゴミがあるのかを「見える化」した。

最終的に1万6５０ポイントが作られ、ゴミの可視化を実現。地図を拡大すれば、自分の地域のゴミがどこにあるのかわかるようにした。

このソフトは、何となく「ゴミが多いな」と感じていた人の心を「地域のために何とかしないと」と動かすことになった。参加希望者にはオンラインサイトで登録するようにしてもらい、地域単位でチームをつくり、ポイントした場所の清掃をお願いするようにした。

エストニアの人気の俳優やミュージシャン、文化人らに協力を求め、ＰＲキャンペーンを仕掛けた。宣伝広告費はかけないで、だ。それでも、次第に共感の輪が広がっていった。

「二度とゴミを捨てさせない」起業家の発想力が現実を変えた瞬間

２００8年5月3日。この日は多くのエストニア人にとって、忘れられない日になった。1万トン超の不法投棄されたゴミを、５万人以上ものボランティアの力によって、わずか1日で回収・清掃することに成功したからだ。

当初、3年で2250万ユーロ（約29億円）かかると見られていた作業も、たった1日で、しかも当初の見積もり額のわずか2％の50万ユーロ（6500万円）で済んだ。3年という時間と2200万ユーロの費用を節約できたのだ。

このプロジェクトにエンジニアとして参加していたのが、第3章でも紹介したスカイプ創業メンバーのアーティー・ヘインラだった。

アーティーは「僕らの目標は、1日でエストニアの美しい森林をきれいにすることだけではなかった。この活動を通じて、エストニア人の心を『クリーンアップ』することにあったんだよ」と話す。

たくさんの人を巻き込むことで、「『森林にゴミを捨てよう』という気を二度と起こさせないようにしたんだ。だって、友達や家族といった身近な人がこの活動に関わっていたら、もうゴミを捨てていいなんて思わないからさ」（アーティー）。

この活動は、国際的に報じられ、日本を含めて世界130か国以上に広がった。延べ1800万人超のボランティアが参加する一大プロジェクトになった。

「Let's do it!（Teeme ära、やってみよう）」と名付けられたこの清掃キャンペーンは、何より、エストニア人に「やればできるのだ」と思わせた。スタートアップ的な発想力や行動力を体感できた取り組みだったといえるだろう。

やればできるという感覚は、新しい世代による新しい取り組みにつながっている。マインドセットができたら、あとは重要なのは、実際に何かにチャレンジできる環境だ。先に紹介したジュニア・アチーブメントがその1つだろう。

他にも、エストニアにはロボットの世界が身近にある。実は、欧州でトップ、世界でも最大級のロボットコンテンストが開かれていることを知る日本人はまだ少ない。

起業家を輩出する「苗床」世界最大級のロボットコンテスト

世界中から毎年1000チーム以上参加し、2018年は3万人以上の参加が見込まれている。そんな世界最大級のロボットコンテストが、冬のエストニアで開かれている。「ロボテックス（Robotex）」がそれだ。

2001年に始まった当初は、タリン工科大学とタルトゥ大学の2大学による学生向け競技イベントだった。それがスカイプ出身者たちの支援を受け、2010年代以降には急拡大した。いまや10以上の国に支部を持ち、世界に広がるイベントへと成長しているのだ。

ロボテックスのチェアマンで、24歳のサンダー・ガンセン（Sander Gansen）は「タイガーリープが始まったおかげで、教育現場において何らかの技術を取り入れられないかと探るようになったんだ。2008年、2009年には中学や高校にロボティッククラブが初めてできたのを覚えているよ」と語る。

ロボテックスの勢いの秘密は、タイガーリープにあったというのだ。学校にパソコンとインターネット環境を提供するこのプログラムによって、ソフトウエアで制御するロボット開発が子どもたちに一般的になった。

この頃から、ロボット開発に親しみを持つ世代が生まれ、関連のイベントが各地で行われるようになった。ロボテックス自体も、子ども向けのプログラムや、教員支援を行うプログラムを行うことで、ロボット開発人材の裾野をどんどん広げている。

ロボットコンテスト開催団体ロボテックスのサンダー・ガンセンチェアマン

2018年12月の大会では、3万5000人以上の参加者がエストニアに集まり、日本から参加するチームも出場する見込みである。

サンダーは、世界に広げるだけでなく、ファンド組成も考えているという。

「今後3～5年で、ここから世界に5万の新しいスタートアップ創成につながる支援をしたいんだ。そうすれば、最初の1年で2％の1000社ぐらいは生き残るだろうからね。5年先を見れば40社ぐらいになる。でもそれでいいのさ。そうして、最終的にはグーグルのような1社を生めればいいと考えているよ」

確かに、こうしたイベントがあれば、学校で学んだことを外に披露できるし、それを目標に努力することもできる。海外からも優秀な人材が集まってくるだろう。

第4章冒頭のラスマスのロボット授業でも、ロボテックスに出場することは1つの目標になっている。学校でロボットを作り、外で世界中の人に発表する。こうした中から、カロリのように「偶然」、イノベーターになる子どもたちが生まれるだろう。

一方で、大人たちには、才能を持つ子どもが見つけられたら即、スカウトしたいという気持ちもあるし、実際にそうするつもりで来る。

つまり、ロボテックスが発展することで、学校の授業から現場の開発までがつながり、仕事につながる環境が整っていく。ロボテックスは単なるコンテストではなく、起業家を輩出する「苗床」となり、ロボット開発の「エコシステム」をつくろうとしているのだ。

この流れはロボットに限らない。先にも登場したエデの話を紹介しよう。

3Dプリンターやブロックチェーンを教育現場へ

トランスファーワイズにスターシップ、トピア（テレポート）などエストニアを代表するスタートアップ関係者が2017年の夏、5日間にわたるプログラムに参加した。エストニアの30超の学校から来た子どもたち約60人に、プログラミングやロボットの制御などを教えるためである。

彼ら「メンター」の支援を受けながら、子どもたちが作ったのはユニークなものばかりだ。靴を磨くロボットや、イベント告知のためのソーシャルプラットフォーム、指紋認証のシステム開発など、「夏休みの自由研究」を超えるレベルのサービス・製品を開発した。

主催したのが、エストニアの非営利団体エースティ2・0だ。2015年に設立されたこの団体は、先端テクノロジーを教育現場に持ち込もうと、スタートアップと学校現場の架け橋となる活動を行っている。

設立メンバーには、グラブキャド（GrabCAD）を創業したハルディ・メイバウム（Hardi Meybaum）がいる。グラブキャドは「機械エンジニアのためのギットハブ（Github）」と称したCAD設計データの共有プラットフォームだ。そのため、3Dプリンティングの技術に詳しい。

そこでエースティ2・0はまず、50を超える学校の現場に3Dプリンターを寄贈した。講義も行い、3Dプリンターを学校で使える環境を提供した。さらに、冒頭のようなサマースクールを実施し、子どもたちが先端技術に触れる場を用意してきた。

このメンター陣には、スタートアップだけでなく、デザイナーや海外に渡った研究者など世界の第一線で働く者もいる。そして、エースティ2・0は、その一流のメンター陣がオンライン講義でその知恵や技術を伝えるプラットフォームも用意し、子どもたちに無料で、先端の技術を学ぶ場を与えようとしている。

前出のエデは、実はエースティ2・0のCEOである。エデは「やはり、皆が面白いと言っている技術に実際に触れてみることよ。自らの手を動かし、自分の心で何かを感じることができれば、はるかに効果的な学びにつながるわ」と話す。

スタートアップ側も、自分たちの資産を社会に還元したいという姿勢がある。それを寄付などの「お金」という形ではなく、子どもたちに自分の技術を伝える「時間」を提供するように促しているのだ。

そんなエースティ2・0は、実は仮想通貨ビットコインの授業についても、教育現場に持ち込もうとした。だが「学校には『なんでギャンブルを学校で教えなければいけないのか』と反対されてしまったわ」とエデは話す。

スタートアップと学校との架け橋になるエースティ2.0のエデ・シャンク・タムキヴィCEO

それでも、エデはめげていない。「スタートアップのコミュニティーと国や教育現場との間に立つ、仲介者になるのが私の使命よ。将来的にはブロックチェーン技術についても学びに取り入れていきたいわ」と話す。

最先端の技術を学ぶのに、最もよい「先生」はどこにいるのか。学校現場でも大企業というわけでもなく、実は、スタートアップにいる確率が高い。

なぜなら、彼らはその技術を知るだけでなく、実際にそれを使って大きな課題の解決に挑戦しているからだ。

エストニアのスタートアップと教育現場が近くなればなるほど、子どもたちは技術への関心が芽生え、その技術を社会でどう生かすかを学び、意欲が生まれる。エースティ2・0はそんな両者の架け橋になっている。

このように、エストニアには、単に学校現場だけでなく、ロボットを学校で学べばそれを披露する世界最大級のコンテストがある。さらに、技術を学ぼうとすれば気鋭のスタートアップから人が来てくれる、そんな環境がある。

周囲の大人を巻き込み、いかに先端的なものに触れさせるのか、どう環境を整えていくのか。エストニアの取材を重ねていくと、随所から教育の課題を解くためのヒントが見えてくる。

それが「環境をいかにデザインすべきか」という視点だ。

4-4

成功体験を与える環境で、次世代のリーダーを育む

エストニアで見つけた未来

日本発の「新しい学び方」エストニアに進出した

アニメーションを作ろうと人形に固定したスマートフォンを向ける子どもに、のこぎりで木材を切る子ども、色とりどりの針金をモーターに巻きつけてロボットを作る子どもたち。にぎやかな声がこだまする室内で、何十人ものエストニアの子どもたちがさまざまな材料や最新ＩＴ機器をとりかこみ、好きな材料を好きなだけ使って、ものづくりにいそしんでいた。

ここは学校の教室ではない。エストニア最大のテックカンファレンス「ラティチュード59」での光景である。

普通、こうしたイベントに子どもの姿はない。それが今回、孫泰蔵さん率いる日本のヴィヴィータ（ＶＩＶＩＴＡ）がエストニア進出を果たしたということで、彼らが日本で行っている事業をタリンで再現した。

そもそもヴィヴィータとは、千葉県・柏の葉の商業施設「T-SITE（ティーサイト）」内に活動拠点を設けている団体だ。自らを「子どもたちが生み出すアイデアをカタチにするシード・アクセラレーター」と呼んでいるのは、その事業の特殊性ゆえだ。

ティーサイト内には、工作台が置かれたスペースがあり、３Ｄプリンターやレーザーカッター、アニメーションの制作機材、パソコンやタブレット端末などが置かれている。機材だけでなく、60種類以上もの廃材が材料として使える。

子どもたちはこれらを無料で使って自由に「工作」してよい。ただ工作といっても、そのレベルの高さに大人は驚くに違いない。

なぜなら、ここに通う多くの子どもたちがロボット開発の経験がある。しかも、陸上だけでなく水上を進むものも作っている。他にも、ストップモーション式のアニメーション制作を行う子もいるし、ドローン開発に挑戦する子どもまでいる。

ヴィヴィータには、大企業出身のエンジニアやデザイナーがおり、自前でプログラミング作成支援ソフトを用意している。そのスタッフが子どもたちのやりたいことを、やりたいように実現する支援をしているため、子どもは好きなロボットが作れてしまう。

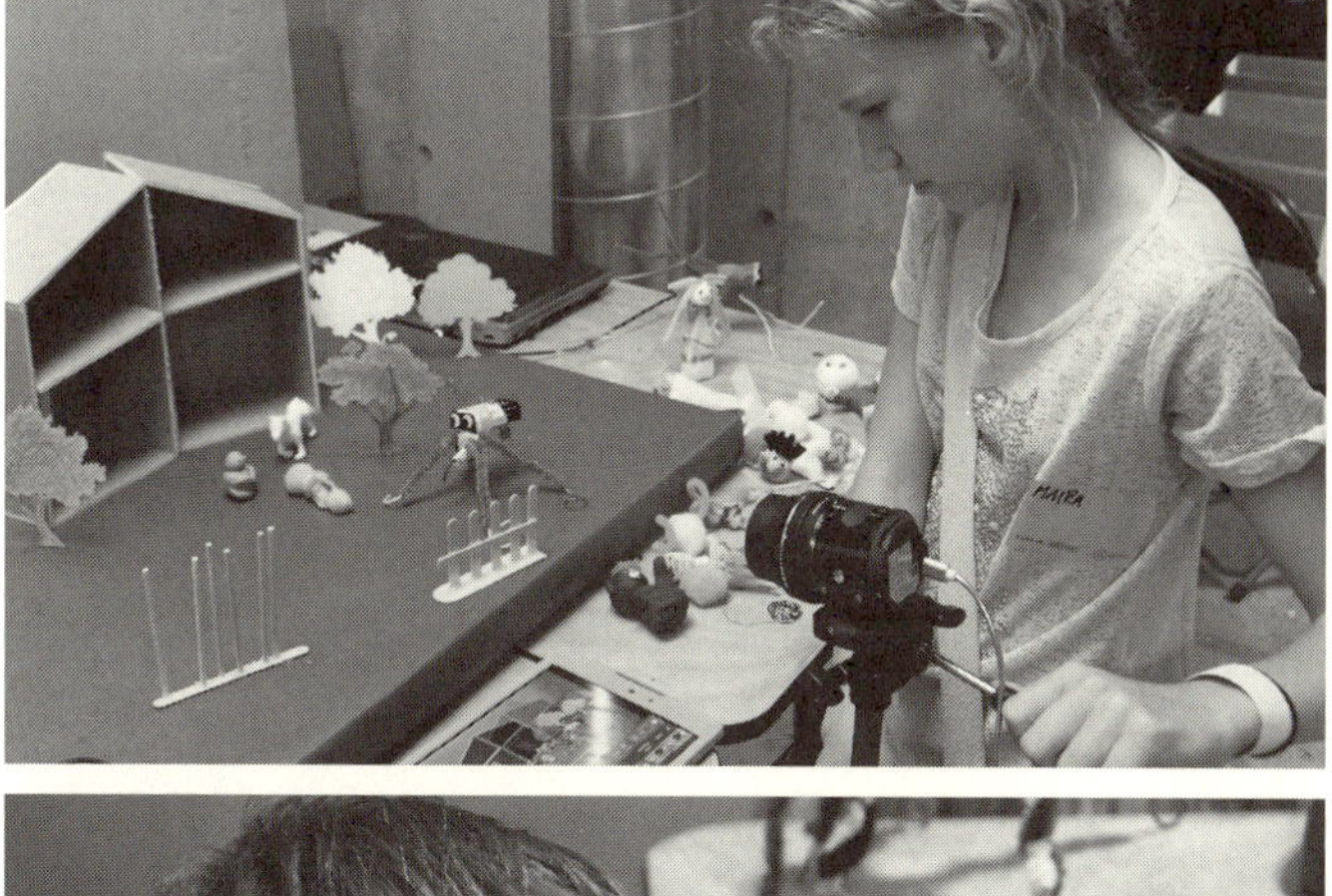

ラティチュード59ではヴィヴィータの活動が紹介され、エストニアの子どもたちが夢中になって創作活動に取り組んでいた

また、その成果を発表するためのロボットコンテストも年に数回、開いている。ここでは、同じロボットを皆で作るということはしない。同じ課題が与えられても、アイデア1つで、形状も大きさも機能も違うものが開発される。

コンテンストは競技形式であるものの、「これほどロボットの形や戦い方が違うのか」と実感できる大会だった。2018年春の大会では、エストニアから視察に訪れていたメンバーも、それぞれのロボットがバラバラの形で違いがあるということに深い関心を示していた。

しかも、ここに「先生」の姿はない。孫さんは「子どもたちの創造性を最大限に発揮してもらいたい」と述べ、大人はあくまでも、子どもを支援する立場を貫いている。

実際、子どもたちの好奇心は無尽蔵で、大人には思いつかないロボットの形やアプリケーションを生んでいる。発想の枠をはめず、教材による制約もつけないから、子どもの発想力がどんどんと伸びていくのだ。

今回、エストニアに進出したのも、エストニア政府からのラブコールを受けたからだという。日本発の新しい「学び方」がエストニアに取り入れられた。今後、日本とエストニアの子どもたちが交流を図ることで、その発想の幅はどんどん広がっていくことだろう。

ここで考えたいのが、ヴィヴィータのような取り組みの潜在的な可能性である。

ライフシフトが求められる時代に「40年ギャップ」をどう埋める？

40年ギャップ――。教育関係者の間で広まっている新概念である。

教育者は、これから20年後の時代を見据えて、子どもたちに必要な教育カリキュラムを考える。だが、子どもを預ける親たちは無自覚のうちに、自分が受けた教育をよしと考えてしまう。

教育者は20年後を、親は20年以上前を判断基準としてしまうので、教育者と親との間には40年間のギャップが生じているというのである。

エストニアの教育がなぜうまくいったのか。その1つは独立を機に、それまでの教育を180度転換することで、この40年ギャップを埋めたからだろう。

1996年のタイガーリープからおよそ20年がたち、小さな国から大きな変革を起こす若者が出てきている。これは偶然ではないはずだ。当時の教育者の先見性がもたらした賜物なのである。

日本の場合はどうだろうか。そもそも日本社会は今後、少子高齢化が進展、長寿命化がさらに進む。しかも、日本の経済力の低下（購買力の低下）は避けられそうにない。

図表4-4｜日本人の平均寿命推移

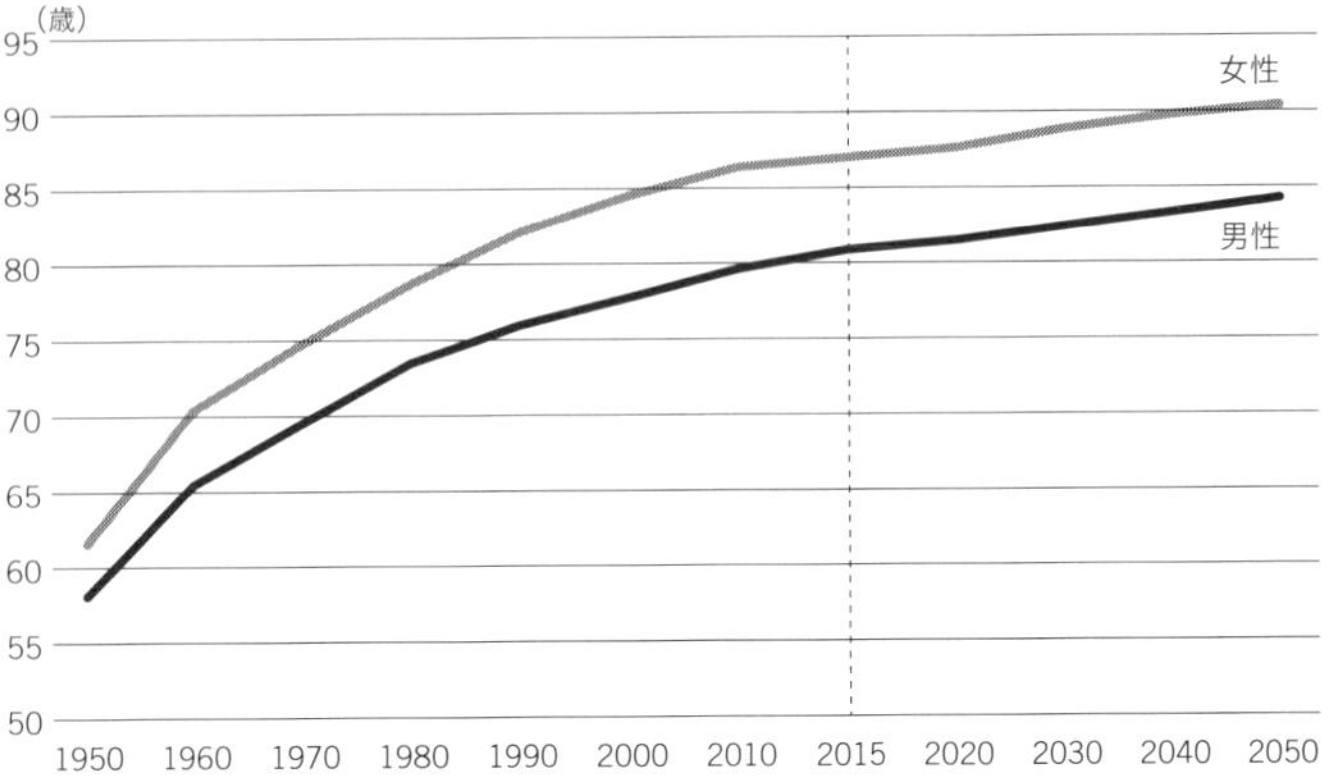

＊厚生労働省「完全生命表」、国立社会保障・人口問題研究所「日本の将来推計人口（2017年推計）」を基に筆者作成。2020年以降は予測値。死亡中位仮定の数値

図表4-4に示す通り、平均寿命（0歳児の平均余命）は2015年の男性80・7歳、女性87・6歳である。これが2050年に女性が90歳を超える見込みである。当然、医療技術の進歩が目覚ましいため、もっと長生きするシナリオの方が現実的だ。「人生100年時代」と呼ばれる時代が到来する。

一方で、世界の中間所得層の購買力を見た次ページの図表4-5からは、日本の購買力シェアが2015年の世界3位から、2025年に4位、2030年には5位へと低下する。代わりに台頭するのが、中国、インド、インドネシアである。これは、市場としての日本の存在感が失われていくことを意味しており、外資系企業の撤退や海外投資が減ることが予想される。

図表4-5｜中間所得層の購買力シェアトップ10の推移

2015年 国名	(%)	2025年 国名	(%)	2030年 国名	(%)
米国	13	中国	16	中国	22
中国	12	米国	11	インド	17
日本	**6**	インド	9	米国	7
インド	5	**日本**	**5**	インドネシア	4
ロシア	4	ロシア	4	**日本**	**3**
ドイツ	4	ドイツ	4	ロシア	3
ブラジル	3	インドネシア	3	ドイツ	2
英国	3	ブラジル	3	メキシコ	2
フランス	3	英国	3	ブラジル	2
イタリア	3	フランス	3	英国	2

＊Homi Kharas "THE UNPRECEDENTED EXPANSION OF THE GLOBAL MIDDLE CLASS" (2017) を基に筆者作成

ＡＩ・ロボットの進化によって、社会で求められる能力も仕事も、さらに大きく変わっていく。

このような時代に、かつての高度成長期を支えた教育は役割を終えたといえるだろう。なぜなら、内需主導型で工場の働き手を生むような画一的な教育方法だからだ。「ライフシフト」が叫ばれる時代に、日本の学校教育がそぐわない、と感じている人は数多くいることだろう。

好奇心を伸ばし創造性を育む 次世代に必要なスキルは「4C」

「いまの子どもたちは、いまとはまったく違う新しい社会に生きて、まったく新しい仕事に携わり、まったく新しい暮らしをすることになるでしょう」

孫さんはそう指摘する。それでは、現在の常識が通用しなくなる時代にどう立ち向かうべきか。

孫さんは、「21世紀のスキル」として「4C」という考え方を挙げる。4Cとは、4つの単語の頭文字に由来しており、AIやロボットが進化していく中で、人間に求められる力のことだという。

具体的には次の4つだ。

①クリエーティビティー（創造力）
②クリティカル・シンキング（批判的思考力）
③コミュニケーション
④コラボレーション

子どもたちに求められるのはこの4Cであることは間違いない。特に創造力を育む場は日本の場合、ほとんど与えられていない。

そこで、孫さんは、ヴィヴィータを通じて、子どもたちの好奇心に火をつけ、創造性をとことん伸ばす環境を整えているというわけだ。

もっとも、創造力と言われても、ピンとこないかもしれない。

アカデミックな世界にも明確な定義があるわけではないが、認知科学とＡＩの専門家である英サセックス大学マーガレット・ボーデン教授の考えを借りれば、次の３つに分類できるだろう。

① 知られたもの同士をつなげ、知らない組み合わせにする（統合型）
② 既存の枠組みの中で試されていない「空白地」を探す（探索型）
③ 考えの枠組みや定義そのものを変えて本質を捉え直す（転移型）

特に、③の既存の枠組みを超え、新しい発想を生む力がこれからの時代に求められている。これこそが、ＡＩやロボットに真似できない人間の力だからだ。

ＡＩやロボットは、既存のルールやデータを学習し、その自動化や最適化を目指す。人間が枠をはめて定義を教えて、その中で働く。だが、機械が考えの枠や定義を超えることは現状、ない。コミュニケーションを伴うカウンセリングやヒューマンタッチの仕事もできないだろう。逆にいえば、そこに人間の力を伸ばす価値がある。

AI・ロボットが仕事を奪う時代にどう生き残っていくか

「今後10～20年で47％の仕事が機械に取って代わられる高いリスクがある」

英オックスフォード大学が２０１３年に発表した論文は世界に衝撃を与えた。内容は、米国の７０２の職業別に機械化される確率を示し、分類したものだが、「ＡＩとロボットが仕事を奪う」という強いメッセージを世界に発信したのだ。

論文筆者のマイケル・オズボーン准教授は、筆者の書面取材に「労働市場は急速なペースで変化しています。将来の労働市場において成功するためにどのような技術が要求されるのかを知ることはとても困難ですが、少なくとももどの技術が自動化されるかを推測することはできます」と答えている。

機械化される確率と労働市場規模から、ＡＩ・ロボットに代替《だいたい》される市場規模（米国）を算出し、ランキング形式で示したのが、図表4-6である。この2つの指標を選んだのは、機械化は労働市場の大きなところから、つまり市場規模の大きなところから入り込んでいくからだ。

では、それによってどのような仕事・職業が代替されていくのか。奪われる仕事の1位

図表4-6｜AI・ロボットが奪う仕事ランキング（米国市場）

順位	職業名や仕事内容	代替市場規模（億円）
1	小売店販売員	144,342
2	会計士	118,023
3	一般事務員	110,343
4	セールスマン	97,503
5	一般秘書	91,379
6	飲食カウンター接客係	89,725
7	商店レジ打ち係や切符販売員	88,177
8	箱詰めや積み下ろしなどの作業員	81,920
9	帳簿係など金融取引記録保全	73,454
10	大型トラック・ローリー車の運転手	67,297
11	コールセンター案内係	58,508
12	乗用車・タクシー・バンの運転手	53,402
13	中央官庁職員など上級公務員	48,052
14	調理人（料理人の下で働く人）	46,414
15	ビル管理人	44,902
16	建物の簡単な管理補修係	42,877
17	手作業による組立工	41,937
18	幹部・役員の秘書	41,748
19	機械工具の調整・運転を行う機械工	41,599
20	在庫管理事務員	40,682
21	広告・市場調査の専門職	40,203
22	自動車整備士・修理工	39,644
23	建設作業者	39,100
24	保険販売代理人	35,552
25	在宅看護担当者	33,387
26	窓口対応係	33,062
27	コンピューターサポートデスク	32,957
28	食器洗い作業者など	31,999
29	警備員	31,724
30	郵便集配、取扱作業員	29,515
31	保険・証券担当事務員	29,201
32	権利ビジネス代行者	27,847
33	ローン審査担当者	27,750
34	庭師、園芸作業者	27,566
35	不動産鑑定士	26,348
36	通関士、荷送人	25,746
37	大工、建具職人	25,319
38	不動産業者、資産管理人	24,603
39	バス運転手	24,405
40	産業用機械の整備・組立工	24,351
41	事務管理サービス業	24,044
42	品質検査係	23,038
43	法務関連の事務または支援係	22,860
44	土工機械運転工	22,365
45	財務・投資顧問	22,363
46	料理人	22,144
47	リフト付トラックの運転手	21,735
48	教師補助員	21,705
49	バイヤー	21,040
50	会計・経理事務員	20,946

＊Carl Benedikt Frey and Michael A. Osborne, "THE FUTURE OF EMPLOYMENT: HOW SUSCEPTIBLE ARE JOBS TO COMPUTERISATION?" (2013) を基に筆者作成。米労働省の職業コードを対応させ、年収と就業人口から機械によって代替される市場を算出。さらに国際標準職業分類のISCOコードに変換し、日本語対応させた。1ドル125円換算

は、代替市場の規模が約14兆円となった小売店販売員だ。イーコマースの進展や無人レジ店舗の普及を鑑みれば、これは容易に想像できるだろう。

2位が約11・8兆円の会計士だ。ある監査法人の会計士は、「確かに会計士の仕事の8割は機械に代わりうる作業かもしれない」と述べていた。数値の整合性を取ったり、決算数値の誤りを見つけたりするのは、会計士の重要な仕事である一方、ＡＩの得意技でもあるのだ。

3位が一般事務員で約11兆円の市場がある。作業の自動化を行う「ＲＰＡ（ロボットによる業務自動化）」という言葉が一般的になりつつあるが、そもそも一般事務のような定型作業には機械が入り込みやすい。

これは、筆者が２０１５年に作成した図だが、その後、ランキング上位の仕事ほどスタートアップの参入や新技術のサービス化が進んでいるので、いま見ても、さほど違和感はないだろう。

一方、どのような仕事なら、ＡＩ・ロボットに「奪われない」のだろうか。オズボーン准教授は、機械学習の専門家である。その彼は「われわれの研究からは、近い将来、とりわけ創造性と社会的知能（ソーシャルインテリジェンス）に関わる仕事においては、自動化の恐れはありません」と述べていた。

それでは、子どもたちには求められる教育とは何か。

「学校教育の最善のアプローチは、どのような技術にも速やかに対応できるようにしておくことです。それには科学技術を介する以外のよい方法は思い当たりません」

オズボーン准教授はそう断言する。

ここに、エストニアの教育の底力があるように思う。基本的な能力を広く身につけさせながらも、ロボットのプログラミングや3Dプリンターの使い方などを教育現場に持ち込んでいるからだ。

さて、エストニアでは電子政府化によって「弁護士や会計士の仕事が失われた」という噂もあった。税関連の手続きは95%が電子化しているからだ。複数の関係者に確認したが、さすがにこれは〝誤報〟であった。

だがこの話を取材していると、キャリアを考える上でより大きな示唆が得られた。

機械に仕事を奪われた「後」会計士はどう変わったのか

世界のグローバルフリーランサーや起業家に対して、エストニアでの会社設立や会計・

会計士や税理士の知識を生かしたサービスを展開するリープインのエリック・メルCEO

税務・法務をサポートしているリープイン（第２章も参照）。彼らのサービスを使うと、会社のバックエンドの仕事を簡単に済ませられる。「グローバルバックエンドオフィス」とも呼べるようなサービスである。

当然、その裏では会計士や税理士のような専門的な知識が欠かせないし、そうした人々と密な連携があってサービス開発ができている。

リープイン共同創業者でＣＥＯのエリック・メル（Erik Mell）に、エストニアの電子政府化によって会計士や税理士が職を失ったのかを尋ねた。

エリックは「統計的には答えられないが、それはないといえるね。もちろん、データ入力といった単純作業は電子化によってなくなったよ。職がなくなったというより、変わったということさ。会計士の役割は、コンサルタントだったり、アドバイス役だったり、ＣＦＯ（最高財務責任者）になったりと、仕事の中身が大きく変わったんだ」と話す。

税理士や会計士の持っている知識や知恵は、彼らの自動化サービスにも生かされている。つまり、彼らの経験や知恵がいらないわけではない。時代に合わせて提供の仕方が変わったということだ。

たとえば、エストニアでは個人向けの税関連の仕事はもはやない。だが、グローバルで活躍する企業にとっては、会計・財務に関する専門家のアドバイスは欠かせない。要は仕事が法人向けにシフトし、より高いレベルの仕事に変わったということだ。

ただし、ここにはエストニアならではの事情がある。もともと、エストニアの税理士や会計士などは、数百人規模の会社（彼らの中では大企業）に専属する以外は、事務所に属するかフリーランサーとして働くかであり、いずれにせよ、アウトソーシングされた業務が中心だという。

こうした税理士や会計士は「常に最新システムを学びながら、業務に当たっている」。つまり、彼らは変更の多い政府の仕組みを学び、常に知識をアップデートしているので、仕事が得られる。むしろ、そうでなければ仕事を失ってしまうのだ。

今後、政府としては、「Reporting 3.0」として企業が国に提出すべきデータの完全自動化を目指している。税務関連のシステムとつながるので、これにより、国への報告手続きを簡素化するものだ。税務処理もさらに自動化が進む。

日本で税理士や会計士が行うような、国の難解なフォーマットに合わせた、ルーティンの書面作成などの仕事はなくなるということを意味している。定型化された仕事は機械に置き換わっているという現実がある。

それゆえに人間の専門家でなければできないことに、より注力すべきである。最新のシステムを〝攻略する〟だけではなく、会計士ならその知識を生かしてスタートアップのCFOになったり、企業のアドバイザーの役割を担ったりするということだ。

これは、会計士や税理士だけでなく、弁護士にも当てはまるだろう。弁護士業務もどんどんAI・ロボット化が進んでいる。その中でエストニアの弁護士たちは、もはや法律家の肩書きにこだわらず「ライフシフト」しているのである。第2章や第3章で紹介したファンダービーム、その創業者でCEOのカイディ・ルーサレップ（Kaidi Ruusalepp）もその1人だ。

エストニア初のデジタルロイヤーが語る「弁護士は今後どう変わるのか」

「英国で私たちの事業の認可が下りたのよ」

紙の許可書を手にくんくんと匂いをかぐそぶりを見せるカイディ。電子化された世界で生きる彼女たちにとって、インクの匂いはむしろ珍しい。金融の本場である英国の規制を乗りこえたことで、また一段と彼女たちのサービスの規模は広がるだろう。

ファンダービームは、2013年に設立、証券取引のあり方を根本から変えるスタートアップだ。これまでは、一部の投資家やベンチャーキャピタルから相対取引で出資を得るか、株式公開をして証券取引所を介して不特定多数の人から資金を得るかといったように、資金調達の選択肢は限られていた。

そこに、ファンダービームがブロックチェーン技術の仕組みを導入し、クラウドファンディング型で資金を集め、そして株式のように流動化できるようにした。つまり、スタートアップの資金調達をより多様化したのである。

だが、そんな証券市場の既存の枠組みを壊そうとしているカイディ自身が、実は体制側の人物だった。

カイディは、ファンダービーム創業前に、エストニアの電子政府を支えた法律家として活躍していた。エストニアとして初めてのデジタル分野専門の法律家として、2000年には「電子署名法」を書いている。

これは、第1章でも述べたように、エストニアのビジネスを紙から電子へと大きく変えた法律である。しかも彼女はその後、証券取引所ナスダック・タリンの代表も務めた。つ

エストニア初のデジタルロイヤーであるファンダービーム
のカイディ・ルーサレップCEO

まり、国の法整備に携わり、そして証券取引所そのものを運営してきたのだ。

そんな彼女が法律家として生きていくのではなく、起業家として新しい証券取引所のモデルを考え、その道を切り拓いている。

エストニアでは、電子化によって法律家に何がもたらされたのか。カイディの答えは明快だ。

「私たちがよりスマートになるように、背中を押して（プッシュして）くれたのよ」

エストニアでは、訴訟の手続きも電子化が進み、書面作成の作業は効率化が進んでいる。今後、訴訟用の書面を「書く」という仕事も、ほとんどテンプレート化されていくだろうし、基本的な相談内容はＡＩが答えていくだろう。なぜならば、法律は定型化されているからだ。

これまで機械化といえば、人手のかかる工場や店舗などのいわゆるブルーカラー領域だと見られていた。だがＡＩ・ロボット化は、ホワイトカラー領域にもそれが及ぶことを意味する。ブルーカラーかホワイトカラーかが問題ではなく、作業が定型化されているかどうかで考えるべきであるからだ。

従って、会計士や弁護士といった士（サムライ）業だけでなく、「高級職のルーティン作業」と言われていた仕事も、容赦なくＡＩ・ロボット化の対象になる。

たとえば、新聞記者の仕事の１つである「短信を書く」作業がそうだ。資料を読み短い記事を書く仕事は、定型化されているため、ＡＩの入り込む余地がある。すでに決算短信記事はＡＩ化されはじめている。会見の書き起こしやプレスリリースの短信記事なども、間もなく人がやる仕事ではなくなるだろう。

経理や事務、人事、営業であっても、定型化・ルーティン化した仕事であれば、いつの間にかその仕事はなくなるに違いない。

そんな中、カイディのような人たちは、われわれよりも先の時代を生き、ライフシフトを果たしたのだ。「ＡＩやロボットに雇用が奪われる」と悲観的な未来を描く前に、より人間にしかできないことは何かを考え、知識をアップデートし、時間と場所の制約を超えて、新しいキャリアを開拓することだ。

第３章で登場したアグレロのハンドもそうだ。単なる弁護士業務や法律業務は、難解ながらも定型化された仕事の多くで成り立っていたことに気づいた。それを自動化していくことは、コードを書ける彼らからしたら、むしろ当然の流れで、その上で自身のキャリアを決めたのである。

自己肯定感を育てるために「世界は変えられる」という体験を

この章では、一足早く時代の流れをつかんだエストニアの教育システムや、彼らのキャリア観を中心にお伝えしてきた。それでは、これからの時代、子どもを持つ親は何をしたらよいのだろうか。

孫さんの言葉を借りれば、ひとえに「環境のデザイン」である。学校、放課後、家庭教育などすべての学習環境を考え、整えるべきだということだ。

孫さんはさまざまな場で「子どもたちは世界を変えられる。世界を変えたのだという体験を与えたい」と述べている。ヴィヴィータもその1つだ。単なる工作教室ではなく、子どもたちが新しい技術に触れることで、まったく新しいものを生み、大人を驚かせ、そして成功体験を与えたいという願いが込められている。

日本ではPISAで順位が高いにもかかわらず、スタートアップが少なく、起業家精神が低い、というのはこれまでに述べた通りだ。それには学校教育が大きく関わっているだろう。

キーワードになるのが「自己効力感」である。自己効力感とは、スタンフォード大学のアルバート・バンデューラ名誉心理学教授が提唱したもので、「やればできる」と思っている人ほど、うまくいく傾向にあるという理論である。その力を最も伸ばす方法が「成功体験」をすることにある。

なぜ「やればできる」という考えが重要なのか。

米スタンフォード大学の心理学者キャロル・ドゥエック教授によれば、人間の基本的資質は、「努力次第で伸ばすことができると信じている人」と「変わらないと考えている人」の間では成長の仕方に差が出るのだという。

前者を「成長思考（グロースマインドセット）」、後者を「固定思考（フィックストマインドセット）」と呼ぶ。

実は、成長思考の人ほど、自分をどう向上させるかに関心を持っており、失敗しても成長の機会と捉え、成果を上げるようになる。一方、固定思考の人は他人からの評価ばかりを気にしており、失敗したら「どうせまた失敗する」と考え、成長の機会を失うという。

実際、マインドセットの違う2タイプの人にテストをすると、成長思考の人は間違いの原因を考え、正答率を上げていくという実験結果も出ている。

活躍する起業家たちは、小さい頃の成功体験や親や教員の「やればできる」という励ましによって、成長思考を身につけてきた。

これは筆者も実感している。「イノベーターになる人は大人になるまでに成功体験があったのか」を調べようと、日本の気鋭の起業家たち数十人にインタビューした企画[6]でも、それについてはやはり「ある」と口にし、成功体験が彼らを支えていた。その裏には学校教育というよりも、家庭教育の大きな影響があった。

日本では学校教育が「やればできる」という感覚を阻害しているようである。自らを肯定する感覚1つを取っても、国内調査では小学4年生から高校2年生までで、学年が上がるにつれて、自己肯定感が「高い」という割合が下がっていることがわかる(**図表4-7**)。

つまり、いまの日本の教育では、確かに基礎学力は身につくかもしれないが、小さな優劣で○や×をつけて、「どうせ自分なんか……」という気持ちを同時に与えてしまってはいないだろうか。生徒・学生時代を振り返ってみて、あなたに「君ならできる」と声をかけてくれた教員や大人が何人、浮かぶだろうか。

英国の教育学者ケン・ロビンソンは「学校教育は創造性を殺してしまっている」と指摘

図表4-7｜学年別の自己肯定感の変化

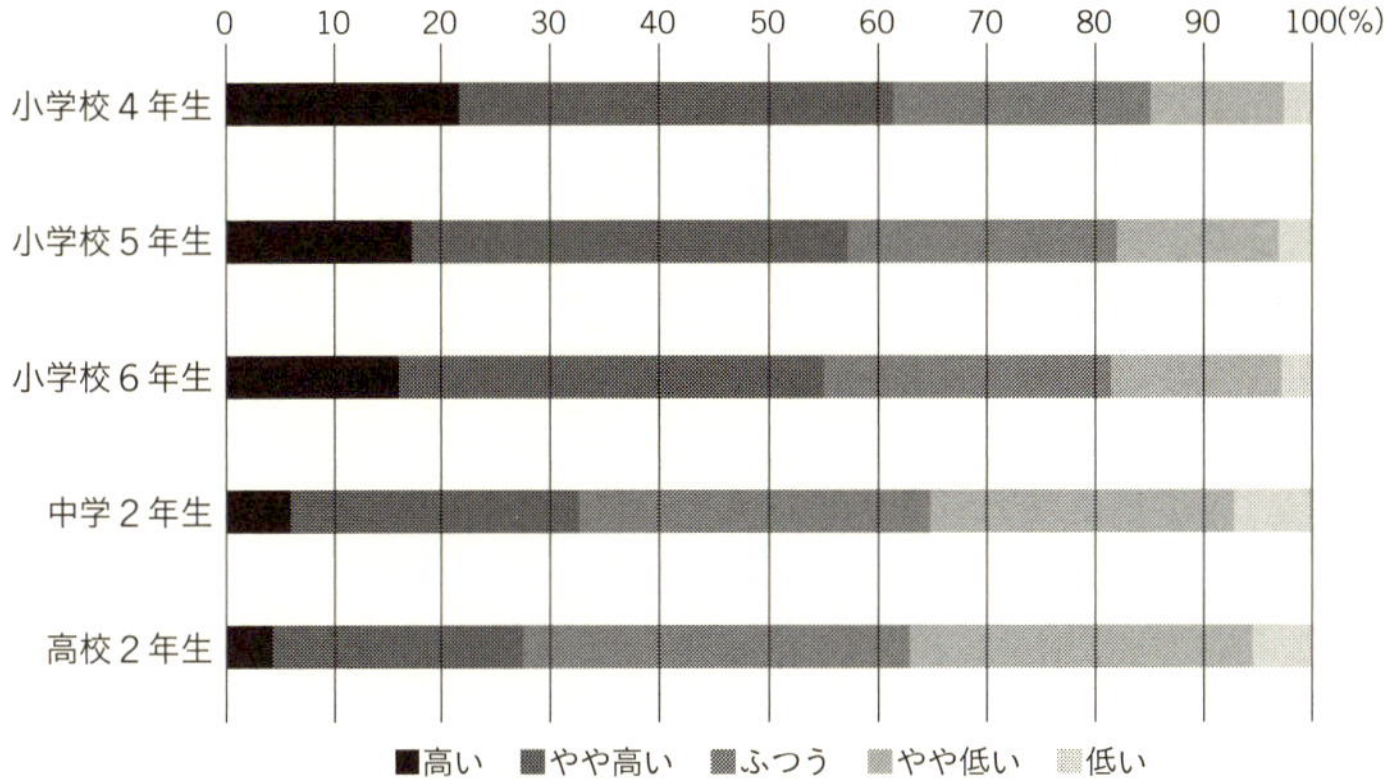

＊出所：国立青少年教育振興機構「青少年の体験活動等に関する実態調査」（2014年）

する。芸術家ピカソの言葉、「子どもは生まれながらにして皆アーティストだ」を引き合いに出して、「教育が人間本来の創造性を殺してしまった」という。

日本の教育で求められているのは、最新技術に親しみながら、創造性を発揮して「世界を変えられる」という成功体験を与える、そんな環境ではないだろうか。親としての務めは、その環境を学校にだけ求めるのでなく、家庭教育を含めてきちんとデザインすることにあるのだろう。そうすることで、子どもたちは「つまらなくない未来」を描けるはずだ。

（6）『週刊ダイヤモンド』特集「孫家の教え」、2017年4月22日号

KEY

つまらなくない未来を描くためのカギ④
アンラーンして常に学び直す

それでは、大人個人としてはどう自らの「教育」を考えたらよいのか。

いま、「人生100年時代」として、リカレント（生涯）教育が脚光を浴びている。これは、社会人になっても、学びつづける姿勢が大事であるという考え方で、社会人向けの教育市場もそれに合わせて盛り上がっている。

だが、その多くは、現在の教育の延長線上にあり、果たしてこれからの時代にふさわしいのかと疑問が残る。むしろ、固定化した考えの先では、「食うに困らない資格を取ろう」だとか、「学生時代に学び損ねた授業（過去の内容）を勉強したい」というもので終わりかねない。一方で、ブロックチェーン技術を教えてくれるような授業を、社会人向けの講座で見かけることはほぼない。

どちらかというと、これでは次の時代を生き抜くことは難しいのではないか。

では、どう考えるべきなのか。孫さんの言葉を借りれば「アンラーニング」ということが大事なのだ。

アンラーニングとは、ハーバード・ビジネススクールの故クリス・アージリス名誉教授とＭＩＴの故ドナルド・ショーン教授が提唱した概念で、組織論の視点から、過去の成功体験や固定観念を自ら捨てて新しい環境に適応しなければならないという考え方である。

このことは、個人にも当てはまり、「いったん学習したことを『意識的に』忘れ、学び直す」（孫さん）ことが重要になっている。時代が大きな転換期を迎えた中、孫さんは「いま最も必要なのは、このアンラーニングです。自分の中に巣くう惰性、成功体験、常識をアンラーンして、まっさらな状態で新しく学ぶべきなのです」と説く。


この言葉を聞いて思い出したのが、司馬遼太郎の小説『坂の上の雲』である。

これは明治時代に、アジアの小国に過ぎなかった日本が、近代国家へと成り上がっていく様子を秋山兄弟の活躍を通して描いた小説だ。

その中に、印象的な場面がある。海外を見て回ってきた軍人の秋山真之《さねゆき》が俳人の正岡子規に海軍の話をするシーンである。以下、引用しよう。

「例えば軍艦というものはいちど遠洋航海に出て帰ってくると、船底にかきがら（蠣殻）がいっぱいくっついて船あしがうんとおちる。人間もおなじで、経験は必要じゃが、経験によってふえる智恵とおなじ分量だけのかきがらが頭につく。智恵だけ採ってかきがらを捨てるということは人間にとって大切なことじゃが、老人になればなるほどこれができぬ」

さらに真之はこうも続ける。

「もう海軍はこう、艦隊とはこう、作戦とはこう、という固定概念《かきがら》がついている。おそろしいのは固定概念そのものではなく、固定概念がついていることも知らず平気で司令室や艦長室のやわらかいイスにどっかとすわりこんでいることじゃ」

玄人の英国海軍から学んだ日本海軍と、素人故に新しい発想ができる米海軍との対比をし、そこから同著では「素人というのは智恵が浅いかわりに、固定概念がないから、必要で合理的だとおもうことはどしどし採用して実行する」と指摘している。

つまり、自らの「かきがら」、自らの固定概念を取り払うことで、いつの時代も国を、個人を大きく発展させてきたということだ。

これまで見てきたように、エストニアは独立後、小国だということを強みに変えて貪欲に新しい考え方や技術、人材を取り込んできた。つまり、独立のタイミングで、国も個人もすべてアンラーニングし、それがいまにつながったといえるのではないか。

日本でも戦後70年以上が過ぎ、昭和・平成の時代を歩み、国にも企業にも教育にも、「かきがら」がついて身動きがとりにくくなっている。

平成という時代の終焉を迎えたいま、国も組織も個人も、昭和・平成時代の「かきがら」を取り払わねばならない。固定観念を取り払うように常に努めなければならない。

コンピューターのＯＳ（オペレーションシステム）をアップデートするように、最小限の情報や考え方の枠組みだけ残し、新たな考え方や情報を取り入れ、改めて自身を見つめ直さねばならないだろう。

その先に「坂の上の雲」があるのかもしれない。エストニアの話と孫さんの言葉からはそういった示唆があるのではないだろうか。

さて、この旅の最後に、エストニアの女性大統領、ケルスティ・カリユライド（Kersti Kaljulaid）大統領の言葉を届けよう。

大統領の飾らない言葉からは、等身大のエストニアの姿が見えてくるだろう。

終章

「われわれは常にアップデートする」

——エストニアの現在、過去、未来

ケルスティ・カリユライド大統領独占インタビュー

草木の生い茂った公園の中に、緑の屋根にピンクの〝宮殿〟があった。門の前には1人の衛兵がじっとたたずみ、辺りは鳥の鳴き声ぐらいしか聞こえない。日本でいえば皇居のようなこの静かな場所で、ケルスティ・カリユライド大統領へのインタビューが実現した。当時46歳にしてエストニア史上初の女性大統領に就任したカリユライド大統領は、エストニアの象徴とも呼べる存在だ。そんな大統領は、政府は「顧客主導」であるべきだと述べた。率直で力強いメッセージから見える、エストニアの未来の姿とは、何か。

なぜ電子政府化は実現できたのか？

――公共と民間の理想的な関係

――なぜエストニアは電子政府を実現できたのでしょうか。

初めから完全にデジタル化した社会にしようと取りかかったわけではありません。もちろん、実現できるかどうかもわかりませんでした。

政府のデジタル化を始めた当時、国民は他の北欧諸国と同じ、高い水準の公共サービスを望んでいました。しかし、私たちには金銭的余裕がありませんでした。税負担を増やさずに、公共サービスの質を高めるためにはどうしたらいいかと考えたのです。

その頃、民間ではオンライン上で電子的な情報のやりとりが始まっていました。インターネット銀行がいい例です。そこで、政府もテクノロジーを活用するという道を選んだのです。

まずは、税務のデジタル化から始めました。税金を支払うために、長い列に並ぶことが好きな人はいないですし、税制の効率化に対する国民の期待が大きかったからです。

デジタル化により、平日午前9時から午後5時の間にしかできなかった手続きがオンライン上で、いつでもどこからでもできるようになりました。国民は少しずつですが、オンライン上で自らの指先を使って、あらゆる手続きをすることに慣れていきました。

ただし、よりよい公共サービスを提供したくても、税負担を引き上げてまで行うべきではないと考えていました。21世紀の初め、GDPの33％程度だった税負担は、現在もほぼ同じ水準を保っているのです。


——他国との違いはどこにあるとお考えですか。


最も大きな違いは、公共も民間も同じプラットフォームでデジタルサービスを運用していることでしょう。

多くの国でデジタル化が進んでいますが、それは民間主導が多く、政府はあまり関与していません。ところがエストニアでは、政府自らが関わってきました。

エストニアは人口が密集している国ではありません。だからこそ、政府も民間もデジタルIDを活用することがとても有効であるとわかっていました。特に銀行が同じ考え方でした。銀行はデジタルIDの仕組みを確立するために政府を支援しました。

もっとも、政府サービスをデジタル化したことで、「エストニアはデジタル社会の危険性がわかっていないのではないか」という批判があるのも事実です。

実際は、逆です。なぜならエストニアでは国家がデジタルIDを付与し、その認証を安全な環境下で行っているからです。たとえば、正当な理由なく他人のデータにアクセスすると厳罰を科すなど、どこよりも電子環境の規制を厳しくしています。このような規制があってこそ安全性が保てるわけで、フェイスブックのような民間プラットフォームとは違うのです。

現在、世界中の国がデジタル上の規制の必要性を理解し、その取り組みに悪戦苦闘していますが、私たちの国ではデジタル時代の初期から厳しい規制環境を整備することができたのです。

エックスロードとは何なのか
――目指すはアマゾンのような利便性

――データの安全性について、情報交換基盤であるエックスロード（X-Road）が重要な技術だと理解していますが、これはどのようなものですか。

国家が行っているのは、デジタルＩＤの管理とエックスロードの提供です。利用者がデータにアクセスするとその記録が残ります。誰かがデータにアクセスしたら、国はデータの持ち主にそのことを知らせます。そのアクセスはデジタルＩＤを用いて行われるので、誰がアクセスしたのかを国として証明することができます。

民間サービスでもまったく同じようなことが行われていますが、私たちは国家として識別（本人確認）をしています。しかもエックスロードは、単なる本人確認モデルではありません。なぜなら、このプラットフォームをすべての人に開放し、民間も公共も無制限に分け隔てなく使えるようにしたからです。

つまり、エックスロードを経由することで、どんなサービスも国家の本人確認機能を使えます。これこそ、私たちが使用してきた唯一の本人確認プラットフォームなのです。

――それでは、どうしてエストニアはエックスロードを構築できたとお考えですか。

エックスロードを考案した当初、多くの人が「それは不可能だ」と言いました。いえ、これだけではありませんね。独立して以降、新たな通貨制度も新たな税制度も、不可能だと言われました。率直に言って、あまりにもそう言われつづけてきたので、もはや他人の意見は気にならなくなっていました。

21世紀初めの頃のことです。私が（エストニアのＩＴ立国の立役者である）マルト・ラール首相に会うと、彼は「不可能と言われている事柄はどうして不可能なのか」と述べました。首相は、不可能なものはないと説明するスライドを自ら用意していました。エストニアはとても小さい国なので、不可能なんてことはない。私もそう思います。「小さなトカゲは不可能だということを知らないからこそ、水上を走ることができる」ということですよ。

――エストニアの電子政府は利便性が高いのも特徴です。民間のようなサービス設計思想に驚かされました。

もし複雑なサービスを作っていたら私の方が驚いたと思います。なぜなら複雑ということは、よりお金がかかって効率が悪い、そして技術的な問題が起こりやすくなるからです。政府のシステムも、簡素で効率のよいシステムであることが重要です。あなたは政府がそれを実現していることに驚いたのですか。

あなたもアマゾンを利用することがあるでしょう。アマゾンではキンドル（Kindle）で簡単に電子書籍を購入できます。なぜ、公共のサービスがアマゾンのようにできないと決めつけるのでしょうか。

公共サービスが民間より煩わしく非効率であってよいという理由はない。もしそれを当然のことのように考えているなら、なおのこと驚きです。

なぜ電子政府が信頼されているのか
――そしてなぜ日本では信頼されないのか

――もう一つ驚いたのは、電子政府の制度に対する「透明性」についてです。なぜ、透明性の確保に力を入れているのですか。

どこの国においても、透明性を確保するのは必要なことです。ご存じのように欧州連合（EU）の国々は私たちとともに、透明性を保つ努力をしています。

すべての独立した国家は、透明性を担保しなければなりません。税金をどう集めてどう使っているのかや、法律制度がどのように機能しているか、個人の自由をどのように保障するか、メディアの自由をどう保障するか、などです。

もし政府に透明性がなければ、国民は政府を信用することができません。政府は国民が賛成していなければ決定を下すことができません。

ただし、透明性を確保するということと、電子政府の話とはまったく別の問題です。透明性を確保するのは、民主主義の国家運営方法として、国としての「義務」だからです。

つまり、透明性というものは、テクノロジーがあろうがなかろうが必要なものだということです。

――日本ではエストニアのような電子政府は実現していません。政府への不信感があるからです。エストニアでは国民が電子政府システムを信頼しているように見えます。

それは、根拠のない信頼ではなく、慎重な規制があるからこそ生まれる信頼です。たとえば、技術的にアクセスすることができたとしても、他人のデータを調べることはエストニアでは犯罪行為です。

国民はデータがデジタル形式で保存される限り、国家は個人データへのアクセス情報を毎回報告する義務があります。誰かが私のデータをチェックしたら、そのたびに、通知が届く。手紙のやりとりといった紙ベースで保存するよりも、はるかにデータは安全に守られています。

登録してあるアドレスをチェックすれば、誰がなぜこのデータにアクセスしたのかを確認できます。非常に基本的な事項ですが、これが重要です。そしてこれらが安全に機能している以上、何らかの詮索行為は不可能です。

個人のデータは、政府が保存しているものとはいえ、自分自身に所有権があり、すべてのアクセスの報告を受ける仕組みになっているのです。

――大統領という立場であっても、データベースを見られないのでしょうか。

ありえません。見ることなんてできませんよ。

もちろん、自分の仕事に必要なデータならばアクセスすることができます。もし私が警察官だとして、特定の人を探すのに正当な理由があれば、警察のデータベースにアクセスすることができます。

ですが、私は大統領です。大統領はどのデータベースにもアクセスできません。正当な理由がないからです。私がアクセスできるのは、自分自身と私の子どもについての個人的なデータぐらいです。

もし正当性がないのにもかかわらず、誰かのデータにアクセスしたら、それは犯罪ですし、大統領だからといってアクセスできるのならば、法治国家における深刻な欠陥です。私にはその権限がないのです[1]。

――エストニアでは、人口の10%以上の遺伝子データを収集していると聞きました。どう運用してきたのですか。

これもデジタルＩＤを作ったのと同じくらい古くから運用されているプログラムです。話は２０００年にさかのぼります。その当時、世界的にはアイスランドとエストニアの２つの国のみが、ゲノム法を制定しました。

どのように遺伝子データを収集、管理し、フィードバックを行うのか。集団レベルの遺伝子を管理するための安全な環境をどうつくるのか。それらに対して規制を設けたのです。また、民間企業の出資により、国家プロジェクトの財団が作られました。民間企業にとっての見返りは、匿名化されたデータを使用し、科学的研究を行う権利でした。

それがいまや、あらゆる種類の重篤な病気の遺伝子マーカーを調べられるようになりました。こうしたデータは、アイスランドとエストニアにしかありません。

今後、数年間で人口の15%のテストが終了すると見込んでいます。このことはエストニアの15%以上の人々が遺伝的リスクに関する重要情報を得ることを意味します。なぜなら本人の情報はその兄や姉、両親の遺伝子情報とも似ているからです。

もちろん、これまでに一度も問題は起こっていません。常にセーフティーです。遺伝子情報を盗むことは、誰かのクレジットカード情報を盗むことと比べて、非常に面倒なことです。もし仮に、他人が私のDNA配列を取得したとしても、その人にとっては何の価値にもならないでしょう。

――国民は抵抗なく受け入れたのでしょうか。

ええ。むしろ自発的に受け入れてくれました。義務ではないので協力してもしなくても

(1) 大統領は首相候補の任命や議会の解散権などを有するものの、日常の政治活動や行政からは一定の距離を保っている。

よかったのですが、実際は「行列」ができましたので、明らかに人々はこうした情報を求めていたとわかりました。

イーレジデンシーは何をもたらすのか
――世界の反対側の住人にもビジネスチャンスを

――イーレジデンシーについても伺います。登録人数が1000万人を超えたとしたら、エストニアの国や社会はどう変わると思いますか。

率直にいえば、イーレジデンシーがエストニア経済にどのような影響を与えるのかについて、正確に予測しているわけではありません。

イーレジデンシーの目的は、主に2つあります。

第1に教育的なプロジェクトだということです。エストニアでは電子署名でビジネスができます。イーレジデンシーを取得した仮想住民はグローバルに仕事をしていますから、彼らに私たちのプラットフォーム上で何ができるのかを知ってもらう目的があるのです。

第2にはビジネスチャンスの提供です。エストニアでは、官僚主義の弊害が非常に低く、煩わしい手続きが少ない。そのため、多くの企業や多くの人々が働くための条件を自分たちで決めることができるのです。

エストニアで起業すると、その会社はEUの企業となります。会社運営のためにエストニアに滞在する必要はない。世界の反対側にいても会社を経営できるのです。


――多くの日本人もイーレジデンシーの登録を進めています。どう思われますか。


イーレジデンシーというのは、エックスロードと似ています。民間企業は、デジタルIDと情報交換基盤のエックスロードを利用して、新しいサービスを生みました。それと同様に、電子住民のプラットフォーム上に、新しいサービスが生まれるということです。

政府側である私たちは責任を負いません。もちろん、日本人のための民間サービスをつくることはしませんし、同様に、エストニア人のための民間サービスをつくるわけでもないのです。

一方で、企業側が仮想住民のための新しいサービスを開発、提供するよう願っています。仮想住民が増え、その人口が増えつづければ、仮想住民向けの民間サービスが増えて、ますます発展していくことは間違いありません。

――ジョバティカル（Jobbatical）やリープイン（LeapIN）など、イーレジデンシーを生かしたスタートアップが続々と誕生しています。今後も、そのような企業が生まれるということでしょうか。

そうですね。イーレジデンシーがより多くのスタートアップを招いていると確信しています。間違いなく、もっと多くの企業がイーレジデンシーという「ツール」を利用して、独自のビジネスをつくり出そうと考えるでしょう。

私たちにはスタートアップの精神があります。政府も、スタートアップで働きたい人に向けて、特別なビザを用意しています。それにより、建設現場で働きたい人よりも簡単にエストニアに滞在することができます。新しいサービスをつくるのに適した環境を用意しているのです。

加えるならば、エストニアにはスカイプがあります。これはスウェーデン人とエストニア人の知能を合わせた産物でした。その成功体験があるため、エストニアでは政府がスタートアップをどのように支援できるのか、また、スタートアップがどれほど優れていて、どのように競争するのかを他国よりも理解しています。

スカイプが与えた影響とは何か
――たとえ小国であろうと資金がなかろうと

――エストニア国立博物館には、スカイプ創業メンバーが使っていたイスが飾られていました。スカイプはエストニアにどのような影響を与えたのでしょうか。

スカイプの成功は、国民を勇気づけました。小国のエストニア出身者であっても、グローバルのビジネスで大きなことができるのだ、何ら問題ないのだということを、はっきりと示しました。これは、エストニア人に絶えず活力を与えています。スカイプは私たちのメンタリティーに大きな足跡を残したと思います。

また、テクノロジーを使うことで、開発当初にあまり多くのお金は必要ではないことや、お金が必要な場合は出資者を見つければいいということも知りました。

エストニアのスタートアップは、いまやスカイプだけではありません。スカイプが買収されたとき、多くの〝資源〟がエストニアに還元され、スカイプ出身者たちは次々と新しい会社を始めました。

たとえば、トランスファーワイズ（TransferWise）やタクシファイ（Taxify）がそうです。私たちには、フォロワー（次に来る人々）がいるのです。

――国家として起業家を教育するような計画があるのでしょうか。

どうでしょう。他の国々に比べて、ビジネスについて教育しているとは思っていませんし、それはないでしょう。私たちは、幅広く教育を行っていますから。

国家というよりも、マーケットの影響があると思います。エストニアにはテクノロジー系の大学がありますし、情報通信技術科目を勉強する人が増えているのは事実です。より給料の高い職に就けるからです。ただ、これは国家が管理しているわけではありません。

――2020年までにすべての学校でデジタル教育が行われるという発表がありました。デジタル教育はどのように変わるのでしょうか。

すべての教育と同様に、デジタル教育も毎日変化しています。それに関しては2020年も同じで、常に変化しているということです。

デジタル教育ツールの多くは、通常の教育にも使用されておりますし、ますます多くの教育コースがオンラインで利用できるようになるでしょう。絶えず発展しているだけで、一定のプロセスに過ぎません。

日々変化を続ける私たちにとって、デジタル教育のための国家計画のようなものは存在しないのです。
なぜなら私たちの国はソビエト連邦ではなく、民主主義国家だからです。

なぜPISAのスコアが高いのか
──教育こそが次世代に「安全」をもたらす

──PISA（学習到達度調査）について伺います。なぜエストニアの子どもたちは世界トップクラス（科学では3位）のスコアを取れたと思いますか。

その答えは簡単です。エストニアには、いわゆるよい学校や悪い学校がありません。裕福な子どものための学校もありませんし、教育を十分に受けてこなかった両親のための学校もありません。

中学校卒業までの教育というのは、まったくの平等だということです。その後も、いわゆるエリート大学もありませんし、皆が同じ大学に通って交流し合っています。

子どもたちがどの学校やどの大学に行くのかは重要ではありません。私たちは「分離」していない。ですから、PISAのスコアが高い。フィンランドでPISAのスコアが高いのもまったく同じ理由です。

エストニアの学校制度は、このように非常に平等なのです。そしてこれは「国の宝」であると認識しています。

私たちは、一般的な国よりもGDPの高い割合を教育に費やしています。社会移動（社会的地位の変化）はいつでも起こりえますので、この世の中で「セキュアー（安全）だ」と感じるためには、教育こそが最も重要であると断言できます。

現在の教育がうまくいっているので、私は子どもたちの将来に希望を持っています。

――大統領ご自身も、子育てをしながら仕事で活躍してきたように、エストニアではたくさんの女性が活躍しています。

エストニアはいつの時代も女性が家族の中で重要な役割を果たしてきました。一世帯に多くの世代が住む大家族の中で、女性の果たす責任は重く、たとえば、子どもたちに読み書きを教えることは女性の責任で行われてきました。

女性がこの社会で軽視されるのを感じたことがありません。女性に多くの決定権があるのが、私たちの国の考え方です。家庭でも、重要な決定は女性がするという習慣がいまだ残っています。

エストニアの女性たちは、男性と対等な関係であることに慣れています。単純な労働力という点においては、もちろん男性より時間がかかる場合もありますが、工業時代は終わりましたので、工場で作業をするために体を強くする必要はありません。

エストニアでは女性たちが何世紀にもわたって自分で結婚相手を選ぶことができましたし、女性だからといって一度も差別されることはありませんでした。今後も教育が行われる限り、女性だからといって差別を受けることはないでしょう。たとえば、財産が男性に優位に引き継がれることもありえません。

確かに、エストニアはソ連に支配されてきましたが、私たちの社会とその精神は完全に北欧のものです。そして、これは社会における女性のあり方をも示しているのです。

テクノロジーは何をもたらすのか
——顧客主導の政府サービスが切り拓く未来

——国立博物館の展示で「今日のイノベーションが明日の共通文化になる（Today's innovation is tomorrow's common culture)」という言葉を見つけました。このフレーズはエストニアをうまく表現しているように思いました。

多かれ少なかれ明白でしょう。私たちは、今日のテクノロジーが何であるかを知っている。それが明日には、役に立たないと判明するかもしれません。もしくは、役に立つとわかって世に広まるかもしれないのです。

過去20年間にどれだけ多くのものが完全に時代遅れになったかを調べてみてください。20年前の携帯電話と現代のスマートフォンの違いは言うまでもありません。それだけテクノロジーのサイクルが短くなっているのです。

そこで大事なのが、教育です。私たちは常に自分自身を再教育し、時代に適応していく必要があります。

また、テクノロジーというものは、ビジネスの新たな機会を生むだけでなく、大きな「イコライザー」の役割を担っています。つまり平等をもたらす機能がある。たとえば自閉症の人にとって、以前は不可能だったコミュニケーションをとることが、テクノロジーのおかげで可能になりつつあります。

それだけではありません。いまでは、小さな子どもがいる女性も働くことができます。必ずしも会社に行かなくていいからです。いつでも、どこでも働けるようになったのもテクノロジーのおかげです。

その点でいえば、電子政府は、素晴らしいイコライザーなのです。年中無休で開いているので、人々が夜間に税金を申告したり、運転免許証の更新を手配したりすることができます。そのため、たとえ夜の遅い生活をしていても、ハンディがありません。私たちに平等をもたらしてくれるのです。

──電子政府化やイーレジデンシーの取り組みが進めば進むほど、国民は国の制約から離れてしまい、愛国心や国家への忠誠心が失われてしまうのではないでしょうか。

テクノロジーは何も変えないと思います。私はオンラインのときもオフラインのときもエストニア人です。あなたがオフラインのときに日本人であれば、オンラインで英国人に変わることはありません。

つまり、テクノロジーは何も変えず、物事をより効率的かつ透明にするだけです。人間を変えることはないのです。

──新しい取り組みを次々と打ち出してきました。次は何を考えていますか。

私たちの取り組みのすべては「顧客主導（カスタマードリブン）」によるものです。エストニアの国民とエストニアの企業が主導しています。

エストニア政府が持っているのは、独自のデジタル国家とそのサービスを「更新していく」という計画のみです。

たとえば、私たちはブロックチェーン技術を多くの場面で活用しています。本人確認としてのIDカードは時代遅れで、5年後には使用されなくなるだろうと思います。今後は、(カードを使わずとも使える)モバイルIDが主流になるでしょう。

ブロックチェーン国家の未来とは
——常に変化を続けていくことが国家のプラン

——ブロックチェーン技術に関連して、仮想通貨「エストコイン」の実現性、ビジョンについて教えてください。

私は、エストコインという用語を使いません。そもそも、ビットコインには付随する経済的価値がありません。そのため、金額の価値を計ることはできない。持続不可能な仮想通貨だと思います。

むしろ、ブロックチェーン技術の方が重要です。私たちは、ビットコインのブームが訪れるはるか前から「ブロックチェーン」を用いており、それを政府に活用してきました。(2)

ですが、エストコインについて誤解する多くの声を聞いたのは事実です。私たちは（ユーロ以外の）追加の通貨を作ろうとはしていません。通貨発行は、欧州中央銀行とEU加盟国の仕事ですから。

なので、私はエストコインという言葉は使わない。むしろ「エストトークン」と言う方がよいのではないかと考えています。

――エストニアは2018年に建国100周年を迎えました。次の100年をどう考えますか。

20世紀と比較しても、21世紀は大きく変わりました。100年前は馬車が当たり前のように使われ、それが時代遅れとなりました。デジタル化は、前述したように非常に急速な勢いで進展しています。そのため、100年後に何が起こるかは誰も予測できないと思います。

ただその中でも、人権を守り、民主的な社会を発展させていくことが重要だと考えています。そのためにも、テクノロジーの変化に適応していかなければなりません。

（2018年5月21日、エストニア大統領オフィスにて）

（2）ガードタイムの取り組みを参照のこと（第1章1-5）。

©Office of the President of the Republic of Estonia

ケルスティ・カリユライド *(Kersti Kaljulaid)*

1969年、エストニア・タルトゥ生まれ。1992年タルトゥ大学自然科学部の遺伝分野を卒業。2001年に経済経営学部で修士号を取得。エストニア電力（Eesti Energia）のIru発電所CFOおよびCEOなどをへて、2004年から2016年まで、欧州会計監査院（European Court of Auditors）に勤務。2016年にエストニア共和国で史上初の女性大統領に就任。1999年から2002年まで電子政府化を進めたマート・ラール首相の経済アドバイザーも務めた。4人の子どもを持つ母親でもある。

補章

ブロックチェーン技術とは何か

ブロックチェーン技術を支える「P2P」の分散型システム

発端は、2008年のリーマンショックだった。世界金融恐慌に陥ったことで、大手金融機関が軒並み経営危機に見舞われた。しかし、「大きすぎてつぶせない」として、米政府が公的資金を注入した。連鎖倒産を防ぐために、米政府は原因を引き起こした金融機関を救済したのだった。

問題を起こした当事者たちを生かす、そこに既存の金融システムの限界を感じたのだろう。サトシ・ナカモトと名乗る謎の人物が9ページの論文を発表した。

その論文には、ビットコインと呼ばれる仮想通貨を用いて、銀行のような管理者を必要としない「P2P（ピア・トゥ・ピア）方式」による電子通貨システムが示された。

この論文により、国や大手金融機関など特定の信頼できる発行元がいなくとも、世界中のコンピューターの力によって、〝通貨〟を発行できるようになった。インターネット上で国境を越えて流通するという仮想通貨の仕組みを構築したのである。

さて、この補章では、エストニアを理解する上で重要となるブロックチェーン技術について、できる限り噛み砕いて解説していきたい。

ただし、通常ブロックチェーンといっても、ビットコインの仕組みをつくるに当たり、いくつかの要素技術をまとめたものを指す場合が多い。つまり、ブロックチェーン技術は複合的な技術の集合体といえる。そのため、今回は本書に関連する要素技術で、特に重要な点についてのみ触れていく。

なお、第1章の電子政府の技術的側面であるこの解説を補章として切り離したのは、込み入った技術の話で電子政府の本質を見失ってもらいたくなかったからだ。

まず覚えていただきたいのが、政府や中央銀行のような「信頼できる第三者を介す必要がない」というブロックチェーンが持つ特徴である。

これを可能にしたのがP2P方式のネットワークである。P2Pというと、ファイル交換ソフト「ウィニー（Winny）」を思い出す方もいるかもしれない。まさにそれである。これが第3章でも述べたようにスカイプを生み出す上で欠かせない技術であった。

ではそもそも、P2Pとは何なのか。図表5-1をご覧いただきたい。

図表5-1｜ネットワーク方式の違い

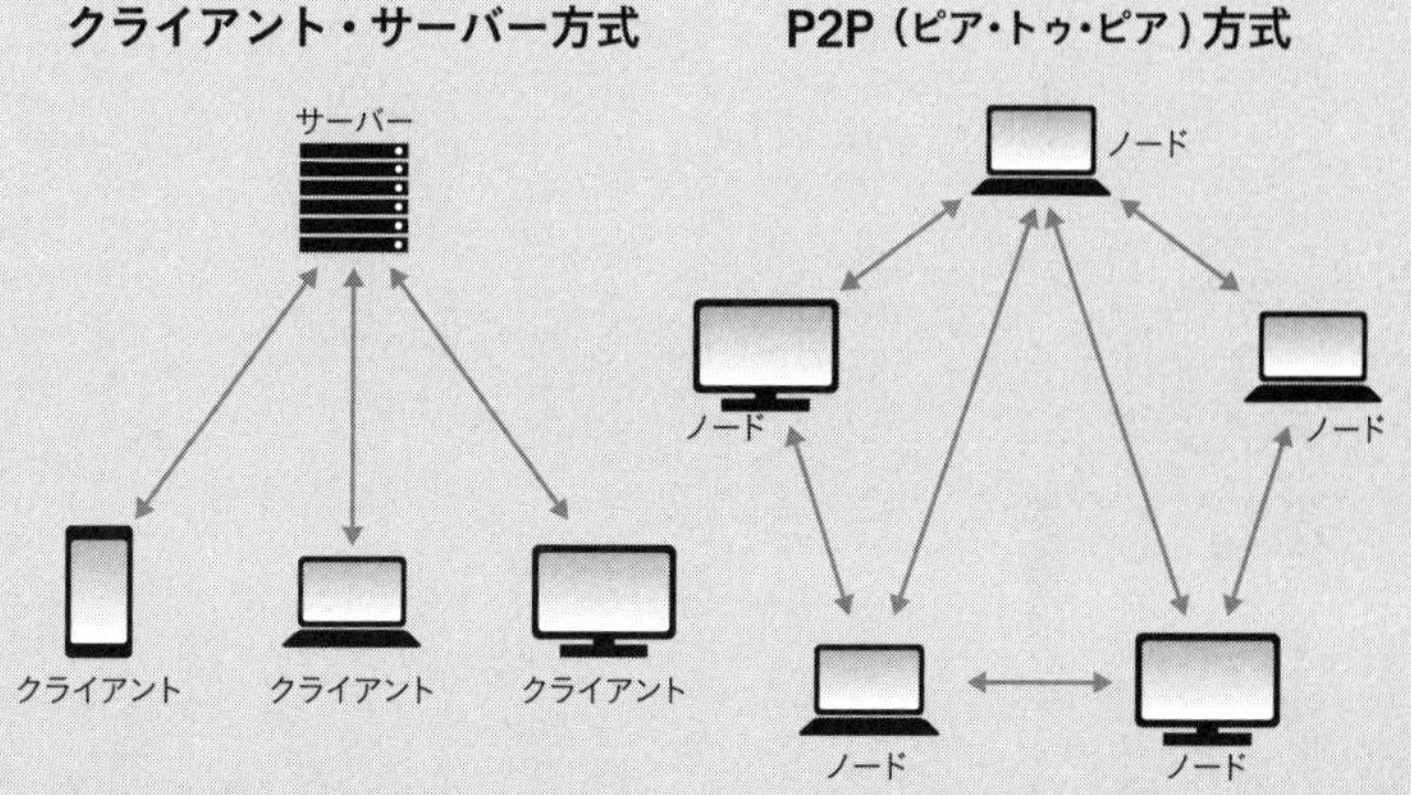

＊各種参考文献を基に筆者作成

一般的なインターネットの仕組みは、個々のコンピューターからウェブブラウザーを通じて、情報の入ったサーバーに要求を出して、ファイルを取得。それが画面上に表示される。

これを「クライアント・サーバー方式」と言い、各コンピューターと中央のサーバーとが一対一でやりとりする通信ネットワークを示している。サービスを提供するサーバーとサービスを受けるクライアント（コンピューター）が明確に分かれているのが特徴だ。

それに対して、P2Pとは"Peer to Peer"とも言い、ネットワークに参加しているそれぞれのコンピューター（ノード）が不特定多数の端末と互いに通信をし合う方式だ。

各コンピューターが、あるときはファイルを要求するクライアントになり、あるときはファイルを提供するサーバーの役割を担う。そのため、サービスを提供する中央のサーバーが不要なのだ。主従関係がないために、対等の者（Peer、ピア）同士が行うという意味合いもある。

P2P方式のネットワークであれば、仮に1つのコンピューターがサイバー攻撃を受けてダウンしても、他のコンピューターがある限りシステムが維持できる。政府や銀行の基幹サーバーが狙われて、システムが止まるという事態は、分散型ネットワーク上では理論上、起きないのである。

ビットコインにおいても、このP2P方式のネットワークによって各コンピューターが連携をしているのがポイントだ。これにより、中央サーバーのように、「信頼された（権威のある）第三者」を介することのない仕組みを実現した。

ただし、課題もある。P2P方式だけでは、どのような参加者がいるかわからない。悪意のある者が入り、データを書き換えてしまえば、セキュリティー面が脆弱《ぜいじゃく》になってしまう。そのため、一般企業で使うには難しく、P2P方式を採用するのは一部のサービスにとどまっていた。

だからこそ、データの書き換えや改ざんができない仕組みが必要だった。ブロックチェーン技術はそこに至ったからこそブレイクスルーとなったのだ。

ハッシュ関数を用いてデータ書き換えができなくする

ビットコインの場合、その取引の履歴情報は「ブロック」という塊で記録する。ブロックはおよそ10分ごとに1つ作られる。取引ごとではなく、取引を束ねてブロックごとに情報を登録するのだ。

その際、新しいブロックには、前のブロック全体を要約したデータを納めておく。そうすることで、隣同士のブロックが関連を持って1つのつながったデータになる。ただし、このブロックに任意の数字を混ぜておくことで、改ざんを困難にした。

ビットコインでは取引情報がブロックとなり、それがどんどんと追加され、鎖のように連なっていく。これがブロックチェーンという言葉の由来である。といっても、説明が足りていないかもしれない。

レンガブロックの作り方にたとえて考えてみよう（図表5-2）。

①まず、粘土を集めてくる。

②だが、このままでは粘土の粘りが足りない。そこで、前に作ったレンガの一部を砕いて溶かし、その粘土に混ぜて安定させる。

図表5-2｜ブロックチェーン技術のイメージ図

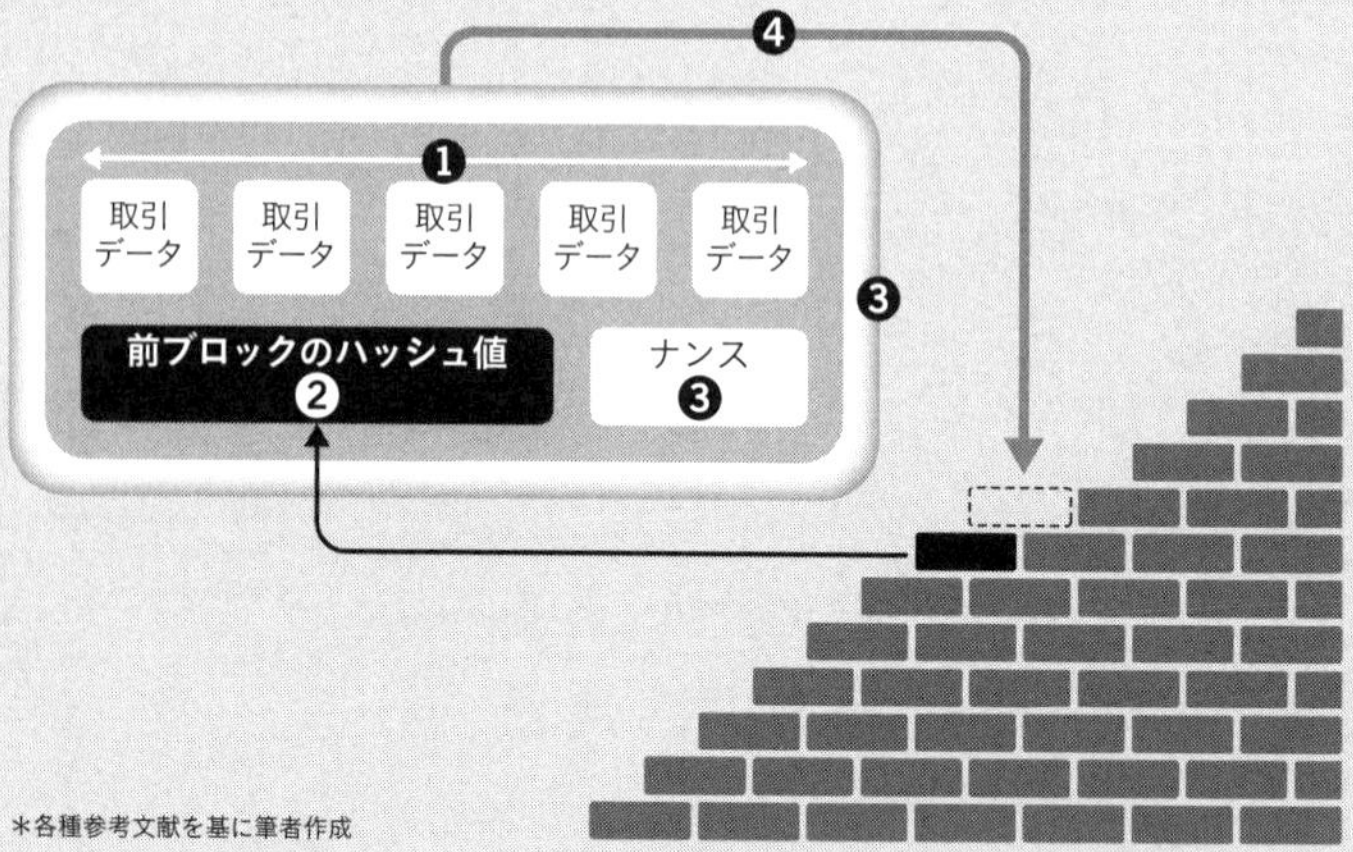

＊各種参考文献を基に筆者作成

③その際、骨材として別の岩を砕いて混ぜることでうまく固めることができる。水と練り合わせて成形して焼けばレンガブロックが完成する。

④最後に、できたブロック同士を重ねて接着しておく。

この話をブロックチェーン技術になぞらえれば、①粘土とは数百から数千件の取引データのことを指す。まずは、その取引データを束ねるところからスタートしよう。

次に、②前に作ったレンガの一部を溶かしたものとは、前のブロックの要約したデータを指す。ここで、データを要約するのにハッシュ関数と呼ばれる暗号技術を用いる。

ここでハッシュ関数について説明しよう。

これは、「同じ値を入力した場合は、必ず同

図表5-3｜ハッシュ関数の算出イメージ図

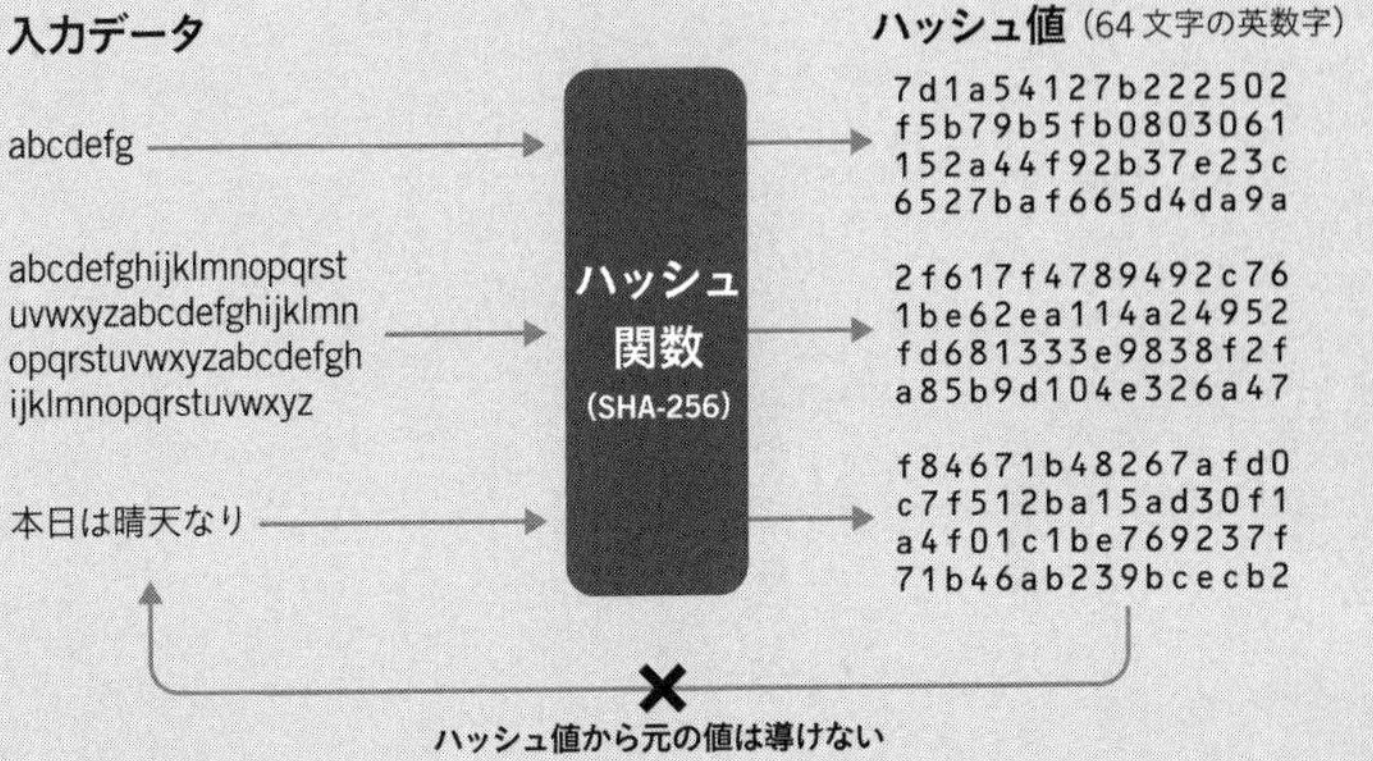

＊各種参考文献を基に筆者作成。ハッシュ値はpythonのhashlib（SHA-256）を用いて作成した

じ値が出力される」ものでありながら、「出力された値（ハッシュ値）からは入力した値を復号することは困難」という特徴を持つ暗号技術である。原則として、入力値が異なれば、同じハッシュ値が出ることはない。

ハッシュ関数には、さまざまな種類があるものの、たとえば「ＳＨＡ－２５６」という種類の関数を用いてみよう。すると、「abcdefg」という文字列が「7d1a54127b222502f5b79b5fb0803061152a44f92b37e23c6527baf665d4da9a」という64文字の英数字（２５６ビット）に置き換わる（図表5-3）。

先ほどは「abcdefg」という英語7文字の入力だったが、これを64文字より多い78文字にしても、日本語にしても、やはり、64文字の英数字に変換することが可能だ。

つまり、ハッシュ関数を用いることで、特

定の意味を持つデータが人間にとってまったく意味のわからないデータになる。しかも、意味のわからないデータから意味のあるデータに変換することを、計算上、ほぼ不可能にしている。文字量が多くても、64文字に変換できるため、データを要約することにも役に立つ。

話を戻そう。新しいブロックを作る際は、必ず前に作られたブロックのハッシュ値を用いることにする。ここでいうと、前のレンガから作った粘土を使うようにして、前のレンガとの関係性を持たせるというわけだ。

わざと手間をかける「プルーフ・オブ・ワーク」

そして、最も理解の難しいのが、③骨材の量をどのぐらいにするかという調整作業だ。骨材の分量を微妙に調整し、ある量になったときだけレンガが固まるようにしているため、適切な分量を試行錯誤して探し出さなければならない。

この骨材に当たるものが、各ブロックに入った「ナンス」と呼ぶものだ。「ナンバー・ユーズド・ワンス」(number used once) の略で、一度きりしか使われないという意味の任意の数字である。

レンガを固めるには、取引データと前のブロックのハッシュ値、そしてナンスを用意しなければいけない。この3つのデータから、さらに新たなハッシュ値を求めるのだ。

ここでルールとして「先頭に15桁ほどの『0』が並ぶ場合にレンガが固まる」などと決めておく。

レンガの例で言うと、骨材の分量を適正に処理できた場合、つまり0が15桁ほど並んだ場合のみ、レンガが固まるように決める。これを取引の「承認」ともいう。

なぜ、こんな手の込んだ作業を入れたかというと、それによって偽物を作ることを簡単にはできなくしたからだ。

なにせ、求めるハッシュ値が一発で見つかることはない。ナンスに「1」を代入して、取引データと前のブロックのハッシュ値から、ハッシュ関数を用いて、0の並ぶ新しいハッシュ値を探さなければならない。それには、2、3、4……と、膨大に代入を繰り返していかなければならない。

これがある種の地道な職人芸ということで、きちんと適切な骨材の量を見つけ出した人（コンピューター）には、報酬（ビットコインなど）を与えるようにした。

実は、この骨材の探索作業が「採掘（マイニング）」と呼ばれているものだ。鉱山で金を採掘するのと同様、マイニングによって報酬を得られる。

マイニングはある種、人の欲望をモデルに織り込んでおり、この計算作業を入れることで他のプレイヤーと競争が働くようにした。しかも計算の難易度も調整ができるようにしており、ビットコインの場合はおよそ10分に1回、レンガが固まるようにしてある。

最後に、④固まったレンガを重ねて積み上げていく。つまり、偽物を作るとしたら、レンガ1つだけでなく、積み上げたレンガまで、しかもその順番まで含めてすべて再現しなければならず、膨大な手間と時間がかかってしまう。これが「プルーフ・オブ・ワーク（仕事の証明）」と呼ばれ、わざと手間をかけることでセキュリティーを高めている。

こうして、個々の取引データの改ざんをほぼ不可能とし、過去のデータとの整合性もつけたのである。

大規模データをまとめる「マークルツリー」

さて、ここまではブロックチェーン技術について概説した。何となくでも理解してもらえたら、それで構わない。ここで、エストニアと関連のある「マークルツリー(1)」について述べたい。

　実は、レンガに含まれるのは、前のレンガの情報だけではない。粘土の産地情報がどこかも含まれており、検証できるようになっている。これにより、改ざん防止やデータの正当性[2]を確認することができるのだ。


　マークルツリーを理解するため、サッカーワールドカップ決勝トーナメントのようなトーナメント形式の試合を思い浮かべてもらいたい。

　サッカーでは試合後に、対戦相手のユニフォームを交換する習慣があるが、ここで、勝利したチームが敗者のユニフォームの一部を切り取って、選手のユニフォームに縫いつけることにしよう。

　1回戦で日本対ベルギーが行われたとして、日本が負けたとする。ベルギーは次のブラジル戦に進む。そこで、ベルギーの選手は、日本選手のユニフォームの一部を縫いつけて登場する。

　準々決勝でベルギーが対戦相手のブラジルにも勝つとする。ここで、ブラジルは前回の試合でメキシコに勝っているので、ブラジルの選手のユニフォームには、メキシコのユニフォームの一部が縫いつけられている。

(1) エストニア電子政府のセキュリティーを支えるガードタイムの核となる暗号技術のこと。
(2) データの正当性についても、ガードタイムについて述べた第1章1-5を参照のこと。

図表5-4｜データ要約し検索可能にするマークルルートの算出図

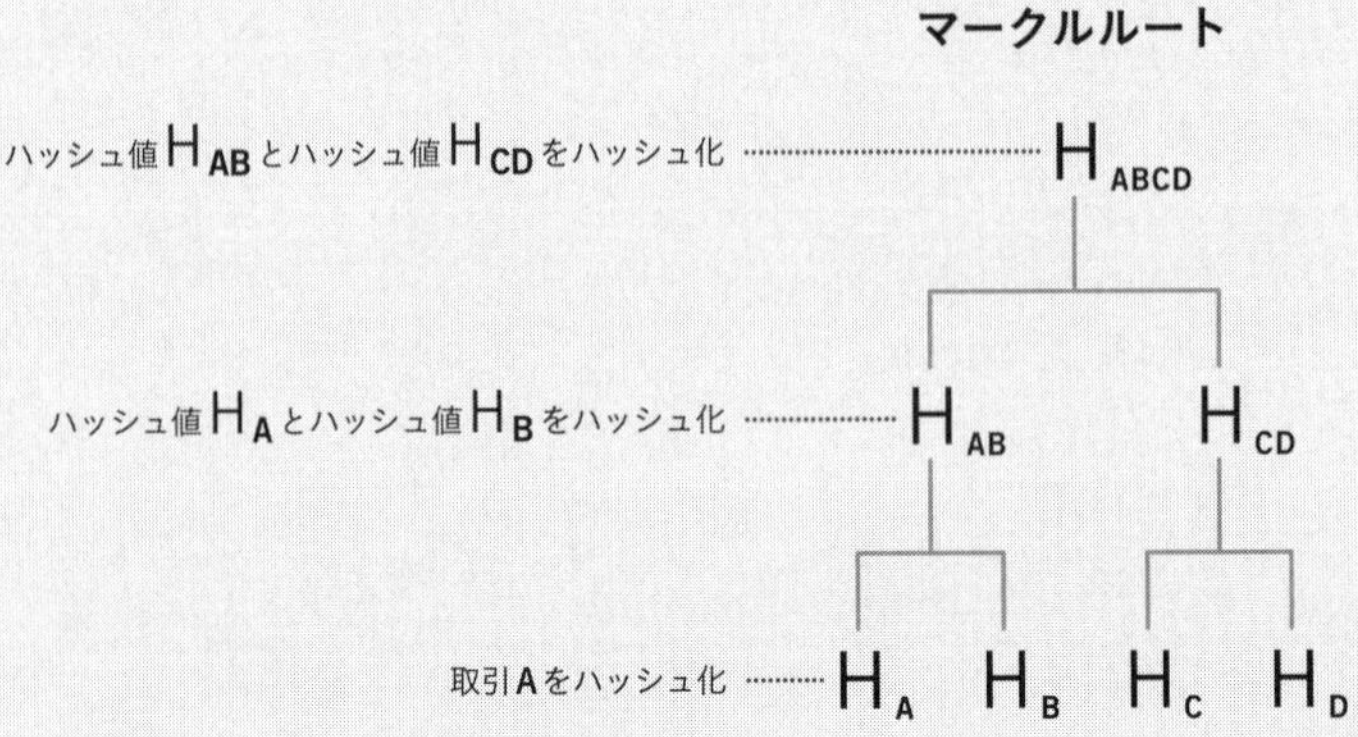

＊各種参考文献を基に筆者作成

つまり、準々決勝で勝ったベルギーのユニフォームを見れば、日本に勝ったこと、そしてメキシコに勝ったブラジルにも勝利したことがわかる。

こうして、最終的に優勝したフランスの選手のユニフォームを見れば、どの対戦でどこが勝ったのかがわかるというわけだ。

実はマークルツリーとは、トーナメント戦のように、すべての枝が2つに分かれていくデータ構造を示している（図表5-4）。ブロック内の取引記録をハッシュ化して、ワールドカップの対戦のように1試合ごとに2つのデータを1つに変え、すべての値が1つになるまで計算を繰り返していくのだ。最後のハッシュ値がいわば優勝者のユニフォームであり「マークルルート」という重要な情報になる。

大規模なデータを要約した暗号値である。

マークルルートがわかれば、サッカーの対戦経過が、つまり取引がどのように行われたかが検索できるともいえる。逆にいえば、ブロックに優勝者のユニフォームさえ記録しておけば、取引データそのものを持たなくても、取引の正当性を確認できる。ガードタイムはこの技術を応用していたのである。

これがエストニアの電子政府のセキュリティーを支えている。ビットコインのように取引情報をすべて包含しているわけではなく、従ってビットコインのいうブロックチェーン技術とは意味合いが異なるのである。

とはいえ、いまやブロックチェーンといっても多種多様な考え方や使われ方がされている。ブロックチェーンのサービスが出たときは、どのような要素技術が含まれているのか、確認しておくのがよい。

市場規模が拡大 応用が進むブロックチェーン

まとめておこう。

一般的に言われるブロックチェーン技術とは、P2P方式と暗号技術などを活用することにより、すべての取引情報をすべてのネットワーク参加者が「分散型台帳」に記録していくやり方で、それぞれ保有する仕組みを築く技術である。

実際、ビットコインの場合は約1万のノードが接続[3]されている。ビットコインが送金されれば、その取引情報が最も近いノードからバケツリレーのように別のノードへと伝播し、広まっていく。最終的に、取引の情報がすべてのノードに共有され記録されていく。

さらに、その取引を束ねて、ブロック状にデータをまとめて、ハッシュ関数を用いて、データを改変できないよう「固めて」いくのである。

それにより、データを中央集権的に管理するのではなく、分散的に管理することを実現した。国家や大手企業のような「信頼できる第三者」がいなくてもよく、それぞれがやりとりする情報に「うそ」が入り込まないようにした[4]。

結果、障害に強いシステムを築くとともに、データの改ざんを防ぎ、システムの維持コストを低下させることに成功したのである。

ブロックチェーン技術を利用した仮想通貨は、現在、ビットコインを筆頭に、イーサリアム（Ethereum）やリップル（Ripple）など1600種類以上[5]も発行されている。現在使われている通貨が約１８０種類なので、いかに増えているのかがわかるだろう。

これがいまや通貨だけにとどまらない。ブロックチェーン技術を基盤に、金融や権利関係の証明や、[6]製造から販売までの品質管理（トレーサビリティー）など、国や民間企業を含め、さまざまな応用や実証が試され、新たなサービスも次々生まれている。

経済産業省が国内市場だけで約67兆円の影響を与えるという調査結果[7]も出しているほど、大きなインパクトをもたらすと見られている。具体的には次の用途だ。

地域通貨やポイントサービスなどの実現による経済波及効果：１兆円
ハンコや紙の証書を不要にする権利証明行為の実現：１兆円
権利移転時の評価情報を管理することで効率的なシェアリング経済を実現：13兆円
川上から川下までのサプライチェーンの追跡・記録に伴う流通の効率化：32兆円
契約や取引の執行、決済、稟議等のプロセス自動化や効率化など：20兆円

（３）Coin Dance (https://coin.dance/nodes/all)
（４）すべてのノードが必ずしもすべてのデータを保有しているわけではない。
（５）CoinMarketCap https://coinmarketcap.com/
（６）「スマートコントラクト」のこと。序章と第３章で詳述。
（７）経済産業省「ブロックチェーン技術を利用したサービスに関する国内外動向調査」（２０１６年）

このように応用範囲は幅広く、エストニアだけでなく世界でブロックチェーン技術を応用したスタートアップが次の時代を築こうとしている。

とはいえ、ブロックチェーン技術はまだまだ発展途上で、インターネットの黎明期《れいめい》と同じだと多くの識者が捉えている。ビットコインの動向に振り回されることなく、ブロックチェーン技術の応用がどう行われていくのかについて、注目を払っておくべきであろう。

おわりに

「歌う革命」が教えてくれること

タリン旧市街地を歩いていると、レストランのテラス席にいた団体が突然、声を上げた。式典帰りの宴会だったのだろうか、シックなスーツ姿の十数人の男性たちがテーブルを囲んで、歌を歌いはじめたのだ。心地よさすらも感じさせる、調和のとれた合唱であった。

あまり知られていないが、エストニアは世界でも有数の合唱の国である。

1869年に開かれた「全国歌謡祭」以来、歌謡コンサートが浸透し、全土に合唱文化が根付いていった。特に、1988年は歴史的な年になった。

タリンの野外公会堂には25万人以上が押し寄せ、民主化をスローガンに掲げて伝統歌を皆で歌い合った。その歌が民族の意識を高め、結束を促し、その後の独立へと至る原動力となった。武力によるクーデターではなく、歌による平和的な独立を果たしたことから「歌う革命」とも呼ばれる。

いまでも5年に1度、全国歌謡祭が開かれており、さながら同窓会のように世界中からエストニア人が集まり、歌と踊りを楽しんでいる（次回は、２０１９年7月予定）。それもあって、エストニアでは合唱団が至るところにある。仲間で集まり、お酒が入ると合唱がいつ始まってもおかしくないようだ。

大国の武力に対抗する武器が歌だったというのは、まさに小国エストニアらしい戦い方だ。エストニアは、このように「コロンブスの卵」の発想で、さまざまな解決を果たしてきた。

とはいえ、ＩＴ先進国のキラキラした印象の一方で、エストニアは日本と比べてまだまだ貧しい。現地に普通に就職したら給料の低さに驚くかもしれない。ロシア語系地域との格差もあるし、少し調べれば麻薬やスパイといった問題のことも知るだろう。

確かに、彼らにも課題はある。それでも歌を歌って前に進むその姿からは、私たちが学ぶべきことがあると考えた。本書では、そんなエストニアを通じて、私たちが常識だと思っていたことが非常識であったり、無理だと思っていることが考え方ひとつで実現できたりする、ということをお伝えしたかった。少なくとも、エストニアにはできて、日本にはできない理由はないからだ。

日本は平成が間もなく終わり、東京五輪を迎える。ここから、日本経済は大きな変化を遂げていくだろう。労働市場は若手を中心に人材不足が続き、消費は世帯総数のピーク（2023年）を迎え、ミレニアル世代が消費の主役へと変わっていく。より高速な通信環境5Gが社会に整備され、AI・ロボット、ブロックチェーン、ゲノム革命が進展する。世界との境界線もあいまいになり、もはや昭和・平成の成功方程式は通じなくなるだろう。

そんな非連続的な未来社会を生き抜く方々に、これから未来社会をつくっていく方々に、時代の先を行くエストニアの現場から、次なる時代を面白くするヒントをお伝えしたいと思った。

とりわけ、本書を通じて、筆者のように、何らかの常識に縛られたことに気づき、その「呪縛」から1つでも解放されたという感覚を味わっていただけたのなら、それ以上の喜びはない。「つまらなくない未来」は目の前に広がっているはずだ。

謝辞

本書は、Mistletoeファウンダーの孫泰蔵さんの協力なくして実現しなかった。名もなき記者である筆者らの提案を快く受け入れていただいたことに、感謝申し上げたい。Mistletoe広報マネージャーの神長崇子さんには、筆者の不自由な英語をサポートしてもらい、かつ、大統領をはじめとする多数の取材をアレンジしていただいた。神長さんの実務面の支援がなければ、エストニアの実像に迫ることは不可能だった。なお、ミスルトウチームから、何らかの取材の制限や注文がなかった点も付記しておく。自由な取材、執筆活動を認めていただいた。その懐の深さに心より感謝したい。

また、次は、趣旨に賛同し、貴重な時間を割いて取材やヒアリング、取材調整等に協力してくださった方々だ（あいうえお順）。ここには書ききれなかった数多くの方々もおり、その顔を思い浮かべると、感謝の念に堪えない。

大塚 雅和さん、大塚 知里さん
大野 愛弓さん
翁 百合さん
鬼頭 武嗣さん
日下 光さん
齋藤 アレックス 剛太さん
津田 祥太郎さん
深澤 裕之さん
前田 陽二さん
安川 新一郎さん

山口 功作さん
アーティー・ヘインラ（Ahti Heinla）
アルノー・カステグニット（Arnaud Castaignet）
インガ・コフエ（Inga Kõue）
インドゥレク・オンニク（Indrek Õnnik）
ヴィルハール・ルビ（Viljar Lubi）
エデ・シャンク・タムキヴィ（Ede Schank Tamkivi）
エリーゼ・サース（Elise Sass）
エリック・メル（Erik Mell）
オット・バター（Ott Vatter）
カイディ・ルーサレップ（Kaidi Ruusalepp）
カリン・キビメ（Karin Kivimäe）
カロリ・ヒンドリクス（Karoli Hindriks）
サンダー・ガンセン（Sander Gansen）
シム・シクト（Siim Sikkut）
ステン・タムキヴィ（Sten Tamkivi）
ターヴィ・コトカ（Taavi Kotka）

パラム・ハリソン（Paramanantham Harrison）
ハンド・ランド（Hando Rand）
ビョーン・ラパッコ（Björn Lapakko）
マーティン・ルーベル（Martin Ruubel）
マリ＝リス・リンド（Mari-Liis Lind）
マルガス・ウダム（Margus Uudam）
マルテン・カエバツ（Marten Kaevats）
ミーリス・コンド（Meelis Kond）
ラウル・アリキヴィ（Raul Allikivi）
ラグナー・サース（Ragnar Sass）
ラスマス・キット（Rasmus Kits）
リボ・リーストップ（Rivo Riistop）
ローレン・プロクター（Lauren Proctor）

ケルスティ・カリユライド（Kersti Kaljulaid）

そもそも、本書を書くきっかけとなったのは、孫さんの連載「孫家の教え」があったからだ。連載提案に対し間髪《かんはつ》を容《い》れずにゴーサインを出してくれたのが『週刊ダイヤモンド』前編集長の田中博さんだった。そして、筆者の部署が替わっても、連載継続を認めてくださったのが、現編集長の深澤献さんである。2人には、筆者が自由に取材活動することを許していただき、頭の下がる思いである。

また、現在筆者の所属する『ハーバード・ビジネス・レビュー』編集部の大坪亮編集長以下、部員の皆には、この活動を温かく見守ってもらった。その中でも、常に励ましつづけてくれた前澤ひろみさんに感謝申し上げる。

本書は、書籍編集局の廣畑達也さんの力なくして実現できなかった。企画立案からともに考え、ともに現地取材を行いながらも、徹底した読者目線を失わず、原稿を磨いてくださった。原稿だけで50回以上のやりとりを行い、ともに駆け抜けた最高の伴走者である。彼がいなければ、本書が世に出ることはなかったし、本書はチームでの作品である。

最後に、執筆時間が取れない際、休暇を取って仕事をすることを勧めてくれた妻の綾、サポートしてくれた家族、そしてここまで読んでくださった読者の皆様に感謝したい。

2018年12月

小島　健志

技術』NTT出版、2016年

○現在の通貨数について

- https://www.currency-iso.org/en/home/tables/table-a1.html

○経済産業省の資料

- 「ブロックチェーン技術を活用したサービスに関する国内外動向調査報告書」、http://www.meti.go.jp/press/2016/04/20160428003/20160428003.html

おわりに

○「歌う革命」と全国歌謡祭について

- 小森宏美『エストニアを知るための59章』、明石書店、2012年、p132-136、p257-261
- 志摩園子『物語バルト三国の歴史』、中央公論新社、2004年、p203-218
- https://2019.laulupidu.ee/en/song-celebration/

- Scott J Grunewald, "50 Schools in Estonia Get a Free New MakerBot 3D Printer to Instruct a New Generation of High-Tech Citizens," *3DPRINT.COM*, May 11, 2016, https://3dprint.com/133680/schools-estonia-free-makerbot/

4-4

○ランキングについて

- 小島健志「機械に奪われそうな仕事ランキング1～50位！会計士も危ない！激変する職業と教育の現場——週刊ダイヤモンド8/22号特集『息子・娘を入れたい学校2015』より」、ダイヤモンド・オンライン、2015年8月19日、https://diamond.jp/articles/-/76895

○創造性について

- M. A. Boden, *The Creative Mind: Myths and Mechanisms*, Routledge, 1990(2004 Second Edition)

○学校教育の問題点について

- 「大阪大『創造力養成講座』を公開　若きイノベーターはこう育てる」、『週刊ダイヤモンド』特集「孫家の教え」、2017年4月22日号
- ロバート・キーガン、リサ・ラスコク・レイヒー『なぜ人と組織は変われないのか——ハーバード流 自己変革の理論と実践』、英治出版、2013年
- ケン・ロビンソン『学校教育は創造性を殺してしまっている』、TED、2006年、https://www.ted.com/talks/ken_robinson_says_schools_kill_creativity/transcript?language=ja

○「坂の上の雲」について

- 司馬遼太郎『司馬遼太郎全集 第二十四巻』、文藝春秋、1973年、p360-363

補章

○ブロックチェーン技術全般、及び図の参考資料について

- 加嵜長門、篠原航『ブロックチェーンアプリケーション開発の教科書』、マイナビ出版、2018年
- 田篭照博『堅牢なスマートコントラクト開発のためのブロックチェーン［技術］入門』、技術評論社、2017年
- 岡田仁志『決定版　ビットコイン＆ブロックチェーン』、東洋経済新報社、2018年
- 石黒尚久、河除光瑠『図解入門 最新ブロックチェーンがよ～くわかる本』、秀和システム、2017年
- 渡辺篤、松本雄太、西村祥一、清水 俊也『はじめてのブロックチェーン・アプリケーション Ethereumによるスマートコントラクト開発入門』、翔泳社、2017年
- アンドレアス・M・アントノプロス『ビットコインとブロックチェーン：暗号通貨を支える

- https://e-estonia.com/solutions/education/e-school

○タイガーリープ、IT教育について

- 「諸外国におけるプログラミング教育に関する調査研究」、http://jouhouka.mext.go.jp/school/pdf/programming_syogaikoku_houkokusyo.pdf
- T. Mets, "From the educational tiger leap program to the ICT startup booming in Estonia," *2017 15th International Conference on Emerging eLearning Technologies and Applications (ICETA)*, October 26-27, 2017
- "What happens to IT education in Estonia?" University of Tartu, 2015, https://sisu.ut.ee/sites/default/files/what_happens_to_it_education_in_estonia_english.pdf

○2020年までのデジタル教育について

- "Minister Ligi: All school studies digital by 2020," July 24, 2015, https://www.hm.ee/en/news/minister-ligi-all-school-studies-digital-2020

○PISAの意識調査について

- "PISA 2015 Results EXCELLENCE AND EQUITY IN EDUCATION VOLUME I," OECD, https://www.oecd.org/education/pisa-2015-results-volume-i-9789264266490-en.htm

4-3

○ジョバティカルについて

- "Standing Out from the Crowd : Karoli Hindriks, Founder of Jobbatical," *LIFE IN ESTONIA*, Vol41, Spring, 2016, p16-21

○2017年のジュニア・アチーブメントについて

- http://www.jaeurope.org/medias/news/457-festera-a-student-company-from-estonia-wins-the-ja-europe-company-of-the-year-competition-2017.html

○清掃キャンペーンについて

- https://www.youtube.com/watch?v=A5GryIDl0qY
- https://www.letsdoitworld.org/2016/02/lets-do-it-world-launches-its-ambitious-world-cleanup-day-2018-with-a-crowdfunding-campaign/
- 「地球規模のゴミ撲滅作戦、ネットで呼びかけ100万人参加見込む エストニア」、*AFPBB NEWS*、2010年1月26日、http://www.afpbb.com/articles/-/2686990

○ロボテックスについて

- https://robotex.ee/

○グラブキャドについて

- https://grabcad.com/
- 松下康之「GrabCADはメカ系エンジニアのGithubになれるか。」、*ASCII.jp*、2013年11月11日、http://ascii.jp/elem/000/000/841/841844/

○エースティ2.0について

- https://www.eesti2.ee/

第4章

4-1

○タリン第21学校について

- https://21k.ee/en/

○エストニアの教育について

- https://www.riigiteataja.ee/en/eli/524092014014/consolide
- 小森宏美『エストニアを知るための59章』、明石書店、2012年、p218-225

○エストニアのPISA結果について

- Marii Kangur, "The recipe for success in the Estonian basic education system," *estonian world*, September 1, 2018, http://estonianworld.com/knowledge/recipe-success-estonian-basic-education-system/
- "PISA 2015 HIGH PERFORMERS," OECD, https://www.oecd.org/pisa/PISA-2015-estonia.pdf
- 上岡学「エストニアにおける教育の特質に関する研究 : PISA2015の結果分析」、『武蔵野教育學論集』、3号、2017年、p1-8

○CEFRについて

- http://www.wilmina.ac.jp/ojc/edu/ttc/bulletin/pdf/5_2.pdf

○2011年の国勢調査

- https://www.stat.ee/phc2011

○セント・メアリーズ大学による調査について

- Stephen Bullivant, "Europe's Young Adults and Religion," *Benedict XVI Centre for Religion and Society*, https://www.stmarys.ac.uk/research/centres/benedict-xvi/docs/2018-mar-europe-young-people-report-eng.pdf

○PISAについて

- https://www.oecd.org/education/singapore-tops-latest-oecd-pisa-global-education-survey-japanese-version.htm
- "PISA 2015 Results in Focus," OECD, 2018, https://www.oecd.org/pisa/pisa-2015-results-in-focus.pdf

○シンガポールの教育について

- 花輪陽子『少子高齢化でも老後不安ゼロ シンガポールで見た日本の未来理想図』、講談社、2018年

○フィンランドの教育について

- リッカ・パッカラ『フィンランドの教育力――なぜ、PISAで学力世界一になったのか』、学研プラス、2008年

4-2

○イースクールについて

pdf
○スタートアップの雇用効果について（スタートアップ・エストニア調査）

- https://startupestonia.ee/blog/how-estonian-startups-rocked-estonia-and-the-whole-world-in-2017

3-4

○トークンについて

- Alan T. Norman, *Blockchain Technology Explained: The Ultimate Beginner's Guide About Blockchain Wallet, Mining, Bitcoin, Ethereum, Litecoin, Zcash, Monero, Ripple, Dash, IOTA and Smart Contract*, CreateSpace Independent Publishing Platform, 2017
- ブロックチェーン技術関連は補章参照

○ソーシャルキャピタルについて

- 「（インタビュー）格差が深める米の分断　米国社会の変質を分析する社会学者、ロバート・パットナムさん」、朝日新聞、2016年9月6日
- ロバート・D.パットナム『孤独なボウリング――米国コミュニティの崩壊と再生』、柏書房、2006年
- 金井良太『脳に刻まれたモラルの起源――人はなぜ善を求めるのか』、岩波書店、2013年、p86-90

○ICOについて

- "Initial Coin Offerings - A strategic perspective. Executive Summary," PwC, https://cryptovalley.swiss/wp-content/uploads/20180628_PwC-S-CVA-ICO-Report_EN.pdf

○ILPについて

- https://ilp.blockhive.ee/
- https://medium.com/@hikarukusaka（日下光さんの各種ブログ記事）
- https://medium.com/@blockhive（ブロックハイブの各種ブログ記事）

○ヒーウマー島のプロジェクトについて

- https://mfmenergia.com/ilp.html

3-5

○CO3について

- 小島健志「マレーシア発の起業家育成オフィスは、こんなに遊び心満載だった！」、ダイヤモンド・オンライン、2017年10月13日、https://diamond.jp/articles/-/145225

○フランスのエコシステムについて

- 小島健志「シグナル　日本経済が見過ごしているもの」、ダイヤモンド・オンライン、2017年11月28日より6回連載、https://diamond.jp/category/s-signal

- 「安い手数料は落とし穴！銀行と海外送金サービス全18種の手数料比較」、2018年9月18日、http://blog.the-abroad.net/entry/overseas-remittance-cheapness-comparison
- 大木戸歩「フィンテックの旗手『トランスファーワイズ』が目指す先」、*Forbes JAPAN*、2016年11月18日、https://forbesjapan.com/articles/detail/14204

○タクシファイについて

- 「Uberを追うエストニア発配車サービス『Taxify』――ドライバーを主役に」、*CNET Japan*、2017年9月22日、https://japan.cnet.com/article/35107447/
- https://www.crunchbase.com/person/martin-villig

○トゥニス・メッツ教授の論文について

- T. Mets, "From the educational tiger leap program to the ICT startup booming in Estonia," *2017 15th International Conference on Emerging eLearning Technologies and Applications (ICETA)*, October 26-27, 2017

○スカイプ・マフィアについて

- http://skypemafia.com/

3-2

○エストニアン・マフィアについて

- "Lessons from the World's Startup Capital," e-estonia, https://e-estonia.com/lessons-from-the-worlds-startup-capital/

○LIFT99について

- https://www.lift99.co/

3-3

○国の債務データについて

- https://data.oecd.org/gga/general-government-debt.htm

○アグレロについて

- 「【注目のICO：Agrelloとは】スマートコントラクトを誰でも簡単に利用できる世界へ」、*BIBITPOST*、2017年7月14日、https://www.bibitpost.com/archives/1096
- https://www.agrello.org/about-agrello

○起業マインドについて

- "GEM 2017 / 2018 GLOBAL REPORT," 2018, https://www.gemconsortium.org/report/50012
- ベンチャーエンタープライズセンター「平成25年度創業・起業支援事業『起業家精神に関する調査』報告書」、2014年、http://www.vec.or.jp/wordpress/wp-content/files/25GEM.pdf
- 大西勝「個性的発展を遂げるエストニアの新興企業」、三井物産戦略研究所レポート、2018年7月、https://www.mitsui.com/mgssi/ja/report/detail/__icsFiles/afieldfile/2018/07/27/1807i_ohnishi.

第3章

3-1

○エストニア国立博物館について

- https://erm.ee/en/content/architects-technical-data
- 淵上正幸「世界の建築は今 No.134 Estonia National Museum」、KENCHIKU online、2016年12月5日、https://kenchiku.co.jp/online/world/world_no134.html
- Denisa Ballová, "Estonian National Museum is an exceptional and successful project," *Denník N*, https://dennikn.sk/788322/estonian-national-museum-is-an-exceptional-and-successful-project/
- "Estonian National Museum. A review," https://veikoklemmer.wordpress.com/2017/05/26/estonian-national-museum-a-review/

○スカイプやスカイプ買収やその影響について

- Sami Mahroum, Elizabeth Scott, "Skype: A Case Study of How Skype Derived 'Place Surplus' in the Estonian Capital of Tallinn," *INSEAD case studies*, 2014
- ebayのsec提出資料 "FORM 8-K/A EBAY INC Filed 12/1/2005 For Period Ending 10/14/2005," http://files.shareholder.com/downloads/ebay/0x0xS950134-05-22422/1065088/filing.pdf
- 「米イーベイ、スカイプを買収 『高い買い物に憶測続々』」、日経産業新聞、2006年9月14日
- Dina Bass, Nate Lanxon, "Don't Skype Me: How Microsoft Turned Consumers Against a Beloved Brand," *Bloomberg*, May 10, 2018, https://www.bloomberg.com/news/articles/2018-05-10/don-t-skype-me-how-microsoft-turned-consumers-against-a-beloved-brand

○ブルームーンチームについて

- http://www.bluemoon.ee/team/ahti/index.html

○NASAの100年の挑戦(センテニアル・チャレンジ)について

- https://www.nasa.gov/directorates/spacetech/centennial_challenges/sample_return_robot/about.html

○スターシップ・テクノロジーズについて

- https://www.starship.xyz/company/
- https://www.post.ch/-/media/post/ueber-uns/medienmitteilungen/2017/factsheet-lieferroboter.pdf?la=en
- Isobel Asher Hamilton, "Robot delivery firm Starship Technologies has hired an Airbnb veteran as its new CEO and raised $25 million," *Business Insider*, Jun 7, 2018, https://www.businessinsider.com/starship-technologies-hires-airbnb-exec-as-ceo-and-raises-25-million-2018-6

○トピア(テレポート)について

- "Sten Tamkivi: Tallinn Is a Great Place for Building a Startup," *LIFE IN ESTONIA*, Vol38, SUMMER 2015, p14-19
- https://www.topia.com/
- https://teleport.org/

○トランスファーワイズについて

- https://transferwise.com/jp/about

survey-2018/
○デジタルノマドVISAについて
- https://e-estonia.com/weekly-press-review-digital-prescriptions-nomad-visa-and-legitimate-use-of-e-residency/
○トークンについて（第３章、補章でも補足）
- 保木健次「仮想通貨・トークンのビジネスへの活用」、KPMGジャパン、https://home.kpmg.com/jp/ja/home/insights/2018/07/cryptocurrency-token-20180713.html

2-3

○徴兵制・国防について
- https://www.mofa.go.jp/mofaj/area/estonia/data.html
- 斎木伸生「国防にかけるエストニアの英知【前】」、『軍事研究』、2011年12月、p230-239
○データ大使館について
- Silver Tambur, "Estonia to move ahead with the 'data embassy' concept," *estonian world*, March 22, 2018, http://estonianworld.com/security/estonia-move-ahead-data-embassy-concept/
- "Data embassy in Luxembourg to cost €2.2 million over five years," *ERR.ee*, August 24, 2017, https://news.err.ee/614646/data-embassy-in-luxembourg-to-cost-2-2-million-over-five-years

2-4

○国立社会保障・人口問題研究所の生産年齢人口について
- http://www.ipss.go.jp/pp-zenkoku/j/zenkoku2017/pp29_gaiyou.pdf
○労働生産性について
- 出口治明『日本の未来を考えよう』、クロスメディア・パブリッシング、2015年、p136-138
○内閣府の「年次経済財政報告」について
- http://www5.cao.go.jp/j-j/wp/wp-je17/index_pdf.html
○エストニアの人口分析レポートについて
- https://www.stat.ee/publication-2018_quarterly-bulletin-of-statistics-estonia-2-18

- https://edelman.jp/insight/trust-barometer2018

○自治体の事例について

- 「電子行政拡大へ実験　加賀市、ブロックチェーン活用　連携先ITが研究施設」、日本経済新聞電子版、2018年4月10日、https://www.nikkei.com/article/DGXMZO29230110Q8A410C1LB0000/
- 「国内初のマイナンバーカードとブロックチェーンを使ったネット投票システムをつくば市に提供」、https://seijiyama.jp/company/topics/v20180731.html

第2章

2-1

○イーレジデンシーについて

- https://e-resident.gov.ee/
- Juan Pablo Vazquez Sampere, "Why Estonia Is Letting Entrepreneurs Become 'E-Residents'," *hbr(Havard Business Review).org*, March 9, 2016, https://hbr.org/2016/03/why-estonia-is-letting-entrepreneurs-become-e-residents

○サービスプロバイダーについて

- https://e-resident.gov.ee/service_category/banking-fintech/

○エストニアの税制について

- 「会計・監査インフラ整備支援――エストニアで進む電子政府の未来と会計プロフェッション」、『会計・監査ジャーナル』、No.753、2018年4月、p92-103
- "investment guide"（エストニア政府発行の冊子）

○国際税制競争力指数について

- https://taxfoundation.org/publications/international-tax-competitiveness-index/

○租税条約について

- https://www.mofa.go.jp/mofaj/press/release/press4_004951.html

○デジタルノマドの考え方は次の書籍から普及したという説がある

- Tsugio Makimoto, David Manners, *Digital Nomad*, Wiley, 1997

2-2

○グローバルフリーランサーの市場について

- "FREELANCING IN AMERICA: 2017," Upwork, https://www.upwork.com/i/freelancing-in-america/2017/
- 『フリーランス実態調査2018年版』、ランサーズ、https://www.lancers.co.jp/news/pr/14679/
- "The Payoneer Freelancer Income Survey 2018," Payoneer, https://explore.payoneer.com/freelancer-income-

- "Six Reasons why Encryption isn't working," https://guardtime.com/blog/6-reasons-why-encryption-isnt-working
- その他、マークルツリー等の参考文献は補章に集約して記載

○モナコインの事件について

- 「『身勝手な採掘』の死角、モナコイン問題で表面化」、日本経済新聞電子版、2018年5月23日、https://www.nikkei.com/article/DGXMZO30856660T20C18A5EE9000/

1-6

○プラネットウェイと東京海上日動火災の実証実験について

- http://www.tokiomarine-nichido.co.jp/company/release/pdf/180115_02.pdf

○GDPRについて

- 武邑光裕『さよなら、インターネット――GDPRはネットとデータをどう変えるのか』ダイヤモンド社、2018年
- https://www.ppc.go.jp/enforcement/cooperation/cooperation/GDPR/

○N26について

- 盛田諒「インターネットの終わりと始まり GDPR本当の目的」、*ASCII.jp*、http://ascii.jp/elem/000/001/691/1691713/index-3.html
- 「『さよならインターネット・さよなら未来』で知った、GDPRの本当の狙い」、http://butamissa0.hatenablog.com/entry/2018/06/12/100043

1-7

○マイナポータルについて

- https://img.myna.go.jp/manual/5.pdf

○マイナンバーカードの交付状況と目標について

- http://www.soumu.go.jp/main_content/000538604.pdf
- https://www.kantei.go.jp/jp/singi/it2/senmon_bunka/number/dai9/siryou6.pdf

○マイナンバー紛失・盗難事件

- http://www.city.yokohama.lg.jp/tsurumi/etc/pressrelease/20180228a/
- 「マイナンバー法違反 書類送付ミスなど374件　17年度」、毎日新聞、2018年6月12日、https://mainichi.jp/articles/20180613/k00/00m/010/023000c
- 「マイナンバー漏えい大幅増＝17年度374件－個人情報委」、時事ドットコム、2018年6月12日、https://www.jiji.com/jc/article?k=2018061200304&g=pol

○エデルマンの調査について

針」、『DIAMOND・ハーバード・ビジネス・レビュー』、2018年7月号
○情報公開法について
• https://www.riigiteataja.ee/en/eli/514112013001/consolide
○遺伝子情報について
•「エストニア、国民1割強のDNAデータベース構築へ」、*AFPBB NEWS*、2018年5月22日、http://www.afpbb.com/articles/-/3175494
• "Estonia offering 100,000 residents free genetic testing," *ERR.ee*, March 20, 2018, https://news.err.ee/690889/estonia-offering-100-000-residents-free-genetic-testing
○バイオバンクについて
• http://www.ukbiobank.ac.uk/about-biobank-uk/
○アイスランドについて
• Katie M. Palmer「アイスランドは、なぜ遺伝子研究先進国になれたのか」、*WIRED*、2015年4月28日、https://wired.jp/2015/04/28/iceland-greatest-genetic-lab/
○６つの原則について
• https://e-estonia.com/wp-content/uploads/eestonia-guide-2018.pdf
○ノーレガシーについて
• https://e-estonia.com/internet-of-things-way-for-b2g-solutions/

1-5

○マルト・サーレペラの博士論文について
• http://iss.ndl.go.jp/books/R100000039-I002077148-00
○伊藤穰一さんのブログについて
• https://joi.ito.com/jp/archives/cat/211.html
○サイバー攻撃について
• Bruce Sterling, "Estonia: NATO's Brand New Center of Cyberwarfare Excellence," *WIRED*, April 30, 2008, https://www.wired.com/2008/04/estonia-natos-b/
• Damien McGuinness, "How a cyber attack transformed Estonia," *BBC NEWS*, https://www.bbc.com/news/39655415
•「エストニアに学ぶ『サイバー攻撃』撃退法」、『THEMIS』、2015年1月、p46-47
○KSIブロックチェーンについて
• ドン・タプスコット、アレックス・タプスコット『ブロックチェーン・レボリューション——ビットコインを支える技術はどのようにビジネスと経済、そして世界を変えるのか』、ダイヤモンド社、2016年、p217-219
• "Linked timestamping," https://en.wikipedia.org/wiki/Linked_timestamping
• "System and method for generating keyless digital multi-signatures," https://patents.google.com/patent/US20120324229

○オンラインバンキングについて

- "e-Estonia-e-Governance-in-Practice," 2016

○キャッシュレスについて

- Henk Esselink, Lola Hernández, "The use of cash by households in the euro area," *European Central Bank Occasional Paper Series*, No 201, November 2017, https://www.ecb.europa.eu/pub/pdf/scpops/ecb.op201.en.pdf
- "Estonia stands out in Europe and the wider world for its use of cashless payments," Eesti Pank, https://www.eestipank.ee/en/press/estonia-stands-out-europe-and-wider-world-its-use-cashless-payments-26102016

○レート換算について

- 基本的には1ドル110円、1ユーロ130円ですべて換算

○OECDのGDPデータについて

- https://data.oecd.org/gdp/gross-domestic-product-gdp.htm

○インターネット自由度について

- https://freedomhouse.org/report/table-country-scores-fotn-2017

○ITUのICT開発指標について

- https://www.itu.int/net4/ITU-D/idi/2017/#idi2017economycard-tab&EST

○スーパーデータベースの問題点について

- https://www.ria.ee/en/state-information-system/x-tee/introduction-x-tee.html

○X-Roadについて

- https://www.x-tee.ee/factsheets/EE/#eng

○X-Roadのビデオ

- https://www.youtube.com/watch?v=9PaHinkJlvA&feature=youtu.be

○サイバネティカについて

- https://cyber.ee/about-us/our-story/

○X-roadのソースコード

- https://github.com/nordic-institute/X-Road/tree/develop/src

○官民の技術連携について

- 「経済産業省 平成28年度電子経済産業省構築事業（『デジタルガバメントに関する諸外国における先進事例の実態調査』）調査報告書」、http://www.meti.go.jp/meti_lib/report/H28FY/000454.pdf

1-4

○刑法157条について

- https://www.riigiteataja.ee/en/eli/522012015002/consolide

○デジタル広告について

- レスリーK.ジョン、タミ・キム、ケイト・バラス「デジタル広告を"炎上"させない5つの指

- https://e-estonia.com/solutions/e-identity/id-card/

○電子税申告システム（e-Tax）について

- https://e-estonia.com/solutions/business-and-finance/e-tax/
- 圓増正宏「政府税制調査会海外調査報告について――エストニア・スウェーデン――」、『地方税』、2017年9月号、p51-72

○OECDの税徴収調査について

- "Tax Administration 2015 survey responses," https://www.oecd.org/tax/administration/

○電子投票について

- https://e-estonia.com/solutions/e-governance/i-voting/
- "e-Estonia: e-Governance in Practice," 2016, https://ega.ee/wp-content/uploads/2016/06/e-Estonia-e-Governance-in-Practice.pdf

○医療について

- https://e-estonia.com/solutions/healthcare/e-prescription
- 真野俊樹「北欧（エストニア、デンマーク）の医療ICTの現状と日本の医療ICTの今後」、『共済総合研究』、第73号、2016年、p76-92

○ペットについて

- https://www.eesti.ee/en/family/pet/

○エストニア防衛予算について

- http://www.kaitseministeerium.ee/en/objectives-activities/defence-budget

○利便性の目標値について

- "Digital Agenda 2020 for Estonia," https://www.mkm.ee/sites/default/files/digital_agenda_2020_estonia_engf.pdf

1-3

○独立時の課題について

- ターヴィ・コトカ「発刊によせて」、『未来型国家エストニアの挑戦　電子政府がひらく世界』、インプレスR&D、2016年、p7-14

○GDPとインフレ、経済情勢全般について

- Porter, Michael E., Christian Ketels, and Örjan Sölvell, "Estonia: Transition, EU Membership, and the Euro," *Harvard Business School Case*, 713-479, June 2013 (Revised March 2016)
- 小森宏美『エストニアを知るための59章』、明石書店、2012年、p192-198
- 志摩園子『物語 バルト三国の歴史』、中央公論新社、2004年、p234-240

○エストニア歴史年表について

- https://www.mofa.go.jp/mofaj/area/estonia/index.html

○エストニアの国土について

- http://www.estemb.or.jp/jp/estonia

参考文献

現地取材だけでは押さえきれなかった内容を多数の文献を用いて補足した。以下、本文中で付記しきれなかった主な参考文献について記載する。

▌第1章

1-1

○電子政府全般について

- ラウル アリキヴィ、前田陽二『未来型国家エストニアの挑戦　電子政府がひらく世界』、インプレスR&D、2016年
- 翁百合「ブロックチェーンは社会をどう変えるか」日本総合研究所（NIRA総研）オピニオンペーパー、No26、2016年
- 山口功作「ICT利活用先進国 エストニアのフィンテック動向」、『金融財政事情』、2016年4月11日号、p34-37
- 今岡直子「行政情報化とオープンデータ――イギリスとエストニアの事例から――」、『情報通信をめぐる諸課題.科学技術に関する調査プロジェクト 調査報告書』、2015年
- Philippe Thevoz, "Diving into a 'Digital Country' : e-Estonia," 2016, https://medium.com/@PhilippeThevoz/diving-into-a-digital-country-e-estonia-af561925c95e
- "How did Estonia become a leader in technology?" *The Economist*, July 31, 2013, https://www.economist.com/the-economist-explains/2013/07/30/how-did-estonia-become-a-leader-in-technology
- "e-ESTONIA guide"（エストニア政府発行の冊子）、および同サイトhttps://e-estonia.com/

1-2

○タリンの世界遺産登録について

- "Historic Centre (Old Town) of Tallinn," http://whc.unesco.org/en/list/822/

○エストニアの出生届けについて

- https://www.eesti.ee/en/family/pregnancy-and-early-childhood/registration-of-birth-and-choosing-a-name/

○イーエストニア・ショールームについて

- https://e-estonia.com/showroom/

○非接触型について

- "Gallery: PPA introduces newest version of Estonian ID card," *ERR.ee*, September 27, 2018, https://news.err.ee/864637/gallery-ppa-introduces-newest-version-of-estonian-id-card

○デジタルID（eID）の普及率について

［監修］
孫泰蔵（そん・たいぞう）
1972年、福岡県生まれ。連続起業家（シリアルアントレプレナー）。世界の大きな課題を解決するスタートアップを育てるため、投資や人材育成、コミュニティー創造などを行うMistletoe（ミスルトウ）を創業。Collective Impact Community（コレクティブ・インパクト・コミュニティー）という新業態を掲げている。ソフトバンクグループ社長の孫正義氏は実兄。

［著者］
小島健志（こじま・たけし）
1983年生まれ。東京都出身。早稲田大学商学部卒業後、毎日新聞社を経て、2009年にダイヤモンド社入社。週刊ダイヤモンド編集部で、エネルギー、IT・通信、証券といった業界担当の後、データ分析を担当。主な担当特集に「『孫家』の教え――起業家に学ぶ10年後も稼げる条件」「大学序列」「データ分析」「儲かる農業」など。また、孫泰蔵氏の連載「孫家の教え」も担当。2018年よりハーバード・ビジネス・レビュー編集部に移る。30歳を過ぎてからプログラミングや統計を学びはじめ、Oracle Certified Java Programmer, Silver SE 7、統計検定2級を取得し、DataMixデータサイエンティスト育成コース第5期卒業。

ブロックチェーン、AIで先を行くエストニアで見つけた
つまらなくない未来

2018年12月19日　第1刷発行
2019年5月28日　第2刷発行

監　修――――孫泰蔵
著　者――――小島健志
発行所――――ダイヤモンド社
〒150-8409　東京都渋谷区神宮前6-12-17
http://www.diamond.co.jp/
電話／03･5778･7232（編集）　03･5778･7240（販売）

装丁、本文レイアウト―松昭教（bookwall）
帯写真――――鈴木愛子
図版作成――――うちきばがんた
校正――――鷗来堂、三森由紀子
製作進行――――ダイヤモンド・グラフィック社
印刷――――勇進印刷（本文）・加藤文明社（カバー）
製本――――ブックアート
編集担当――――廣畑達也

ISBN 978-4-478-10620-4